나의 새벽은 차 한잔으로 시작된다

나의 새벽은 차 한잔으로 시작된다

초판 1쇄 인쇄 2024년 12월 10일
1쇄 발행 2024년 12월 25일

지은이 임영하
총괄기획·대표이사 우세웅

책임편집 정아영
콘텐츠기획·홍보 김세경
북디자인 권수정

종이 페이퍼프라이스㈜
인쇄 ㈜다온피앤피

펴낸곳 슬로디미디어
출판등록 2017년 6월 13일 제25100-2017-000035호
주소 경기 고양시 덕양구 청초로 66, 덕은리버워크 A동 15층 18호
전화 02)493-7780 **팩스** 0303)3442-7780
홈페이지 slodymedia.modoo.at **이메일** wsw2525@gmail.com

ISBN 979-11-6785-237-3 (03190)

나의 새벽은
차 한잔으로 시작된다

내 삶의 고요한 지지대 —— 차, 책, 일곱 가지 질문에 관하여

임영하
지음

설렘

차 한잔으로 시작되는 저자의 새벽은 겨울을 안아주는 봄을 닮았습니다. 잔잔한 이야기 속에 스며든 깊은 사색은 봄바람처럼 부드럽고, 담담한 고백은 봄꽃처럼 향기롭습니다. 이 책은 겨울처럼 쓸쓸했던 당신의 새벽을 깨워 줄, 푸른 희망의 빛이 되어줄 것입니다.

_신기율 작가, 마음찻집 대표

삶의 새벽을 맞이하는 이들에게 이 책은 따뜻한 길잡이다. 차 한잔을 마시며 떠오르는 질문들, 그리고 그 질문 속에서 삶의 의미를 발견하는 과정이 아름답게 담겨 있다. 작가는 이 책을 통해 삶의 속도를 늦추고 내면을 들여다보는 여정으로 우리를 안내한다. 고단한 일상에서 자신만의 의미 있는 의식을 만들어가고자 하는 모든 이들에게, 단순한 위로를 넘어 일상의 새로운 균형과 깊이를 발견하게 하는 소중한 나침반이 될 것이다.

_최소현, 네이버 Creative & Experience 부문장

영감으로 가득 찬 새벽을 맞이하여 차와 명상, 읽기와 쓰기, 사람과 커뮤니티로 내면의 씨앗을 현실로 창조해 나가는 영하의 세계는 아름답다. '나와 회사의 균형 잡기'라는 환상적인 기예를 통해 자신

만의 세계를 우아하게 그려나가는 그녀는 예술가임에 틀림없다. 잃어버린 꿈과 자아, 용기와 영감을 되찾고 새로운 한 걸음을 내딛고 싶은 사람들에게 영하의 세계를 선물하고 싶다.

_ 천지윤, 해금연주가, 서점 '해금서가' 대표

워킹맘으로 살아가는 바쁜 일상 속에서도 세상과의 다양한 접점을 적극적으로 찾아가며 성찰적인 질문들을 통해 나다움을 지키면서 만들어 내는 이야기가 흥미롭다. 작가는 잠시 멈춰서 나에게 귀 기울이는 시간의 소중함을 자신의 구체적인 경험을 통해 전달한다. 이른 새벽, 차와 함께하는 고요한 사색의 시간을 제기하는 저자의 책은 나다운 성장을 일상 속에서 만들고 싶은 독자들에게 좋은 길잡이가 될 것이다.

_ 이항심, 건국대 상담심리학과 교수, 『시그니처, 번아웃 리커버리 프로젝트』 저자

용기 있게 타인의 일상 속으로 들어가 삶의 지평을 넓히는 작가의 태도가 인상 깊다. 빛나는 성실함과 반복되는 일상 속에서도 나를 잃지 않겠다는 단단한 의지가 강렬하게 전해진다. 이 책을 읽으니 나의 '마음'과 '집'과 '이웃'과 '아침 시간'에 대해 생각하게 된다. 작가의 섬세한 시선에 따라 나 역시 더 나은 내일로, 더 빛나는 내일로 나아갈 수 있을 거란 희망과 확신이 차오른다. 지금, 자신의 내면으로 들어가 '나다운 삶'을 살아내고 싶은 사람들에게 망설임 없이 추천한다.

_ 채자영, Story Society 대표, 『딸기잼』 저자

나는 나에게
질문하기 시작했다

고요한 새벽 5시, 눈을 뜨자마자 오늘도 책상 위 스탠드를 켜고 물을 끓인다.

새벽의 차가운 공기를 들이마시며 찻잔에 차를 따른다. '또르르르르르', 또렷하게 울리는 소리. 흐르는 시냇물 같다. 잠에 취해 몽롱한 정신이 맑아진다. 차를 머금자 따스한 온기가 몸을 감싸 안는다. 숨을 크게 들이마신 후 오디오 음원을 켜고 노트를 꺼내 생각나는 대로 끄적인다. 젖은 찻잎의 향기가 은은하게 코끝으로 올라온다. 귓가에 흐르는 피아노 선율에 마음이 편안해진다.

새벽, 나를 향한 시간에 머문다. 아이가 잠에서 깰 때까지. 서

둘러 출근 준비를 하기 전까지. 이 오롯한 시간에 나는 '나'로서 숨 쉬고, 의식하며, 존재한다.

나는 집에서는 엄마이자 아내이고, 회사에서는 팀장이다. 대한민국 중위연령 46.1세, 인구를 나이순으로 나열했을 때 중간 즈음의 연령이 내 나이이다. 김광석의 '서른 즈음', 30년 전 유행하던 이 노래가 발매되었던 1994년도의 중위연령은 28.8세였다. 학원 다녀오는 길의 어둑한 저녁. 거하게 취한 채 이 노래를 흥얼거리던 아저씨의 모습이 떠오른다. 창밖을 바라보며 귓가에 울리는 음악에 기대 퇴근하는 지금 나의 모습과 겹쳐진다.

어렸을 때 상상하던 어른의 삶이 있었다. 막연하긴 했지만 하고 싶은 일을 하며 살아가고 있을 것이라 기대했던 나는, 지금 어떤 삶을 향해 가고 있는 것일까?

"저는 팀장님의 삶이 부러워요. 대기업 부장에 팀장, 여유가 있고 안정적이잖아요. 저는 언제쯤 그 위치에 서게 될까요?"

내 위치가 부럽다는 팀원의 이야기를 들으며, 적잖이 놀랐다. 직장 생활 20년 차, 더욱 불안한 요즈음이다. 앞으로 내가 얼마나 회사를 더 다닐 수 있을까? 두려움이 앞서기만 했다. 그런 상념으로 늘 압박에 눌려 살았다. 내 역량을 증명하고 남보다 더 나아야만 했다. 더 높은 직급으로 올라가야 한다는 강박에 나를 묶어야만 했다. 게다가 마흔에 아이를 출산한 나는, 딸아이가 대학교 입학할 즈음에는 환갑의 나이를 맞는다. 가만, 지금 다니는 회사를 환갑까지 다닐 수나 있으려나. '절대 어렵다'는 것이 현실의 냉정한 답이었다. 찌릿찌릿 긴장감이 몰려온다.

늘 시간에 쫓겨 허둥대는 모습, 바로 내 모습이다. 회사에서는 촘촘히 잡혀 있는 회의 일정을 숨 가쁘게 따라다녔다. 집에 와서는 여전히 서투른 집안일과 육아에 급급했다. 모두들 잠든 밤, 멍하게 앉아 있으면 허무함이 몰려오고, 아쉬운 마음에 핸드폰을 보거나 티브이 앞에서 잠이 든다. 아침이 밝으면 어제와 비슷한 오늘의 빠듯한 일정을 쫓아가는 하루를 맞이했다. 늘 그렇게 어제 같은 하루, 오늘 같은 내일이 반복됐다. 되돌아볼 틈 없이 허적대며 움직이느라 마음 둘 곳 없어 지친 직장맘의 어깨는 늘 뭉쳐있다.

캄캄한 밤바다에 표류한 배에 홀로 서 있는 것만 같다. 왠지 모를 불안과 일 더미가 파도처럼 몰려온다. 피곤하지만, 버티어 내기 위해 몸부림을 친다. 민감한 시선은 늘 밖을 바라보고 있고, 자신의 존재를 타인에게 인정받아야 비로소 성공한 삶에 가까워진다고 생각한다. 타인의 시선과 기준에 따라 행동하고 결과를 내야 인정받기 쉬운 세상이다. 지금 내가 달려가고 있는 방향이 맞는 것일까, 지금보다 조금 더 애를 쓰면 더 화려하고 반짝이는 성공의 별을 잡을 수 있는 것일까, 과연 잡아야 하는, 잡고자 하는 성공의 별은 무엇일까.

나는 나에게 질문을 시작했다.

나는 나로 살아가고 있는가,

어떤 삶을 살아가고 싶은가,

삶의 주인이 내가 아닌,

타인의 시선과 인정으로 살아가야 한다면

나는 누구인가.

어두컴컴한 사위에서 내면의 북소리가 이끈 곳은 동트는 새벽, 여명의 틈이었다.

늘 타인에게 시간이 점유된 내가 혼자 있는 시간을 만들기 위해 선택한 것은 일찍 몸을 일으키는 것이었다.

퇴근 후 모두가 잠든 늦은 밤도 오롯이 혼자였지만, 종일 있었던 일들을 복기하며 부정적인 감정으로 시간을 소진하곤 했다. 반면 어슴푸레하게 동이 트는 새벽 시간은, 새로운 오늘을 맞아 좀 더 맑은 감정을 갖게 한다. 비로소 타인의 시선에서 벗어나 나의 감정, 생각에 집중할 수 있는 시간이다.

바쁜 일상에서 찾은 작은 틈은 매일 새로운 아침을 맞이하고, 나를 향한 시선으로 집중해 '나 자신'과 대화를 나누는 시간이었다. 이 지구별에 태어난 소명이 무엇일지, 어떤 삶을 향해 살아가야 할지, 나로서 살아가는 중심축을 잡기 위해 묻고 답을 갈구했다. 점차 나 자신을 향한 시간이 쌓였다. 차를 마시는 새벽 시간은 나를 응시하여 단아하게 스스로 빛나는 조약돌을 만드는 시간이자, 매일의 일상을 받아들이는 밝은 등불을 켜는 시간이다.

'나라는 존재'로 자립하게 하는 의식, 차와의 만남이다. 차를 마시면 앞으로 나아갈 수 있는 용기가 생겼다. 차를 가까이하니 이를 매개체로 좋은 사람들을 만나게 되었다. 차를 마시는 새벽이면, 늘 곁에 두었던 책은 둘 곳 없는 마음을 기댈 의지처가 되었다. 책을 읽다 보면 고민이 해결되기도, 흐트러진 마음을 다잡기도, 우울한 마음에 뭔가 하고 싶다는 꿈틀거림이 생기기도 했다. 책 속에서 발견하는 영감을 기록하고 공유하면서 내면이 조금씩 단단해졌다.

혼자 읽던 책 읽기는 어느덧 함께 읽는 책 읽기로 확장되었다. 최인아 책방 북클럽 멤버십과 북콘서트, 친구와의 온라인 독서 모임, 트레바리 클럽에서 책을 읽고 토론하며 생각을 나누었다.

책을 통해 다양한 사람을 만나기도 했고, 마음에 품고 있던 질문에 답을 주는 책을 만나면 직접 저자에게 지혜를 구하고자 했다.

생각과 말은 글로 담지 않으면, 흩어지고 희미해진다.

이 책은 나와 같은 사람을 생각하며, 공중에 흩어질 생각과 말을 붙잡아 글로 엮은 것이다.

그 사람을 생각하며 나를 지켜내는 세 가지 시선과 삶의 축을 만들기 위해 던진 일곱 가지 질문의 답을 구하게 해 준 멘토의 지혜를 엮었다. '나다움'으로 삶을 살아가고자 하는 당신의 여정에, 이 책이 든든한 길눈이가 되길 바라본다.

임영하

1장

나를 지켜내는 세 가지 시선

첫 번째 시선

아침 시선: 나로 향하는 시간

1장

나를 지켜내는
세 가지 시선

아침 시선:
나로 향하는 시간

—

차의 시선:
나를 보듬는 치유

—

책의 시선:
내면의 사유를 키우는 시·공간

첫 번째 시선

아침 시선: 나로 향하는 시간

아침 시선의 시작

"위에서 오는 빛이 너무 강렬해서 우리는 어두워질 수 없었다."

-『아무튼, 메모』중에서, 정혜윤

여느 때와 다름없던 보통의 아침이었다. 눈 부신 햇살에 눈이 떠졌다. 주방 창문을 열고 잠시 서서 눈을 감으니, 시원한 바람에 샤워하듯 개운하다. 대충 옷을 갈아입고, 밖으로 나가 걸었다. 가로수 사이로 환한 햇살이 빗금 쳤다.

문득 어제 일이 떠올랐다. 남편에게 음식 쓰레기를 버려달라 부탁했는데, 게임에 열중하는 그에게 내 목소리는 들리지 않았다. 소리를 지르고야 말았다. 화를 추스르며 지친 몸으로 침대에

누웠다. 몇 분이 지나자, 아이가 잠투정을 하며 울어댔다. 나는 달래다 지치고, 아이는 울다 지쳐 겨우 잠이 들었다.

선선한 공기가 뺨을 스쳤고, 정신이 번쩍 든 나는 도로를 천천히 걸었다.

'안 들은 게 아니라 못 들은 건데. 내가 어제 마음에 여유가 없었구나. 야근으로 힘들다고, 집안일 좀 같이하자고 말했으면 됐는데.'

마음에 바람이 스미고 어제의 축축한 감정이 뽀송하게 말라갔다. 아침 공기는 상쾌하고 내 발걸음은 가벼워졌다. 감정이 보송해지자, 귓가에 새소리가 들려왔다. 아파트 뒷산에서 노니는 새들인지, 새소리는 다양했다. 살짝 감정에 취해 오케스트라 연주 같다는 생각이 들었다. 심장 박동수는 조금씩 빨라지고 얼굴은 상기된 채 오롯하게 마주하는 아침, 마음이 벅차올랐다.

'아침 시선'이라는 단어는 그 순간부터 시작되었던 것 같다. 이날의 강렬한 감정은 졸린 눈을 비비며 나를 침대에서 일으키는 동기가 되었다. 오롯하게 마주하는 아침은 나를 향하여 시간이 멈춘 것 같았다. 새벽 5시에서 6시 경이면 눈이 가볍게 떠졌고, 내게 다가온 하루를 온몸으로 반기며 마주하기 시작했다. 매일 같은 길을 걸었지만, 바라본 풍경은 시시각각 변하고 있었다. 그날의 날씨, 온도, 미세한 시간 차이에 따라 고개를 들어 바라보는 나뭇잎의 색이 달랐다. 어제보다 조금 더 자란 듯한 들꽃에 맺혀 있는 이슬은 싱그러웠다.

시시각각 변하는 삶의 풍경을 목도하는 시간이 쌓였다. 아침에 바라본 시선을 통해 나는 불안함보다 평온함을, 흔들림보다는 집중을, 머무름보다는 새로운 것을 시도하고픈 마음이 생겨나기 시작했다.

'오늘은 새 프로젝트를 위한 미팅이 있네. 함께하는 동료들과 재미있게 해봐야지.'

출근길, 차창 밖으로 살랑이는 가로수의 잎들이 손을 흔들었다. 회사 로비를 지나 따끈한 커피 한 잔을 들고 가지런히 정리된 자리에 앉았다. 딸깍딸깍 키보드 두드리는 소리가 책상 위로 굴러갔다. 내면의 변화를 직장 동료들이 먼저 알아챘다.

"오늘 생기있어 보여요. 좋은 일 있어요?"

비록 내 마음 한편에는 들키고 싶지 않은 불안, 초조, 근심 등이 남아 있었지만, 아침 시선은 감정의 수렁에 빠지지 않고 나의 중심을 잡아줬다. 그렇게 시작하는 하루는 아무런 흔적도 없는 백지 같은 새날을 맞이한 느낌이었다.

아침 시제는 '현재'

　아침마다 나는 '현재'를 맞이한다. 과거의 어제는 지나가고 '오늘'이라는 새로운 도화지를 선물 받는다. 하얀 도화지를 닮은 면포를 살포시 펴고 차를 꺼내어 우릴 준비를 한다. 전기 포트에 물을 넣고 조금 시간이 지나자 보글보글 끓어오른다. 물이 100도씨까지 끓어오르면 요란한 진동 소리와 함께 포트가 철렁철렁 흔들린다. 잠시 한껏 끓어오른 가쁜 숨이 쉬어갈 수 있게 하나, 둘, 셋, 넷, 다섯까지 센 뒤 기다린다.

　별도의 차실이 없지만 새롭게 깐 하얀 면포가 있는 장소가 곧 나만의 차실이다. 작은 우림이를 따뜻하게 데우고, 찻잎을 넣어 우린다. 차를 담아 마시는 보듬이에 차를 따라 가만히 입가에 갖다 댄다. 따스한 차의 기운이 몸에 번진다. 잠시 젖은 찻잎의 향을 맡아 본다. 향기에 작은 탄성이 함께한다. 이 순간을 '차를 마신다'라고만 하기에는 부족한 표현이다.

차를 마시는 것은 단순히 기호에 맞는 음료를 마시는 행위, 그 이상이다. 곁에 둘수록 차가 품고 있는 자연에 다가간다고 하는 게 맞을 것 같다. 차에는 토양, 햇빛, 비, 바람, 눈의 이야기가 담겨 있다. 가만히 눈을 감고 있으면 안개 낀 하동의 차밭 풍경이 그려진다. 자연의 내음이 콧속으로 들어와 향긋하게 정신을 깨운다. 혀끝에 느껴지는 감미로운 감각과 침샘의 고임이 절로 잔잔한 미소와 감사를 자아낸다. 행복감은 혀끝을 맴돌고 동시에 감사의 마음이 자리를 잡는다. 이 순간은 마음의 시계가 느리게 움직인다. 차분한 호흡으로 현재에 집중해 나를 위한 시를 읽으며 하루를 맞는다.

과거에 얽매이지 말고
부디 오늘을 살아가기를,
그럼에도 불구하고
뜨는 태양으로 시선이 함께하기를,
아무튼 아침에 일어나 부디 차 한잔하기를.

자연으로 돌아가 자유롭기를,

나로 사는 삶이기를,

살기 위해 사는 것이 아닌

스스로 삶을 쓰는 삶이기를.

나는 내 삶의 작가임을 포기하지 말기를.

부디 작은 것이 연결된 삶의 진리를 깨닫기를.

다시,

내일 아침 햇빛을 담은

도화지를 펼치는 선택을 하기를.

- '나에게 하는 아침 시선의 기도', 임영하

아침에 바라보는 시선에도 특히 마음을 사로잡는 장면이 있다. 바다에 일렁이는 아침 햇빛, 둥근 해가 떠오른다. 약간 흐린 수평선 위로 빨갛게 '봉긋' 하고 올라온 해는 어느덧 선명해진다. 햇빛이 해수면에 일렁인다. 태초에 있었던 그대로일까, 해 뜨는 해수면을 바라볼 때면 엄마의 자궁 속 같다는 생각이 든다. 자연 그대로의 편안함과 따스함을 몸이 기억하는 듯하다.

햇빛을 머금은 바다 위로 새들이 자유롭게 날아다닌다. 새들의 비행은 자유롭다. 부드러운 곡선을 그리며 아침 하늘을 만끽하는 새들을 따라 시선을 향하니, 새벽 내내 고기잡이 한 배들이 보인다. 각자의 사연을 안고 돌아오는 배를 바라본다. 움직이는 모든 것들이 각양각색이면서도 조화롭다. 입안에 머금은 차향은 향기롭다. 하동의 녹차와 대만의 우롱차를 우려 마셨다. 찻잎의 선한 성질이 온몸으로 전해지는 것 같다. 해는 더욱 높게 올라온다. 모든 것이 생동하고, 나의 몸은 따사로운 봄빛에 풀리는 대지와 같다. 오늘 하루 시작을 준비한다. 어제와는 또 다른 소중한 하루의 문이 열리는 시간이다.

저 멀리 쪽빛이 캄캄한 하늘을 밀어내며 몰려온다. 떠오르는 빛들이 짙은 새벽을 투명하게 물들인다. 동트는 새벽을 목도하는 순간은 늘 경이롭다. 어떤 색상이라 설명하기 애매한 이 순간은 '몇 월 며칠 몇 시 몇 초의 색상'이라고 표현하곤 한다.

여행을 가면 평소보다 더 일찍 눈을 뜨게 된다. 따뜻한 물과 차를 준비해 베란다에 멍하니 앉아 있는 걸 즐긴다. 어둑함에서 밝음으로 변하는 자연의 순수 예술은 그 어떤 값으로도 그 가치를 매길 수 없다. 자연 그대로의 소리를 듣는 것도 좋아하지만, 이 순간을 함께해 줄 음악을 선곡하기도 한다.

해가 밝기 전 어둑한 고요함에는 콜드플레이Coldplay의 '선라

이즈   '를 듣는다. 깊고 잔잔한 바이올린 선율이 아침의 희미한 여명처럼 다가온다. 얼마 지나 태양이 빨갛게 떠오르면 베토벤의 '전원'을 즐긴다. 목동의 피리 같은 클라리넷의 명쾌한 소리가 바이올린 선율과 함께 고요를 깨고 힘차게 울려 퍼진다. 절정을 치닫는 선율은 하모니가 극대화된다. 아침 시선의 벗, 차를 보듬어 마시면 이보다 행복한 순간은 없다.

몇 년 전 괌 여행을 갔을 때였다. 새까만 새벽이 하얗게 물드는 하늘과 바다를 천천히 감상했다. 새벽 4시 30분부터 6시까지 가만히 바라보다가 갑자기 울컥하더니 눈물이 흘렀다. 나도 모르게 혼잣말이 새어 나왔다.

"모든 것은 변하는구나."

출산 후 1년간의 육아휴직 중이었던 나는 복직을 2주 앞둔 시점이었다. 사실 8개월 정도 쉬고 복직하고 싶었다. 아이와 함께하는 시간은 행복했지만, 회사에서 일하는 것이 더 익숙하고 편했다. 친한 회사 동료는 종종 점심시간에 전화로 회사의 분위기를 알려주었다.

"뭘 일찍 오려고 해. 최대한 늦게 복직해. 지금 회사 오면 괜한 소용돌이에 휘발리. 인자 많은 팀장 이상은 다 정리 대상이야. OOO님의 그분 있잖아. 인제인지 모르게 나가싶어. 나갈 건시, 옹 보물 받은 건지는 모르 했지만. 「당 내나에 외.」

회사에 있지 않아도 긴장감이 들었다. 급기야 출산 휴가 전 같은 팀이었던 팀장님과 동료도 회사를 그만두었다. 마음이 복잡했다. 내가 돌아갈 곳은 어디인가? 인사팀에 연락하니 이전 팀으로 돌아가면 된다고 했다. 복직 전 회사에 서류를 제출하러 잠시 들렸다. 몸으로 느껴지는 모든 공기가 낯설었다. 함께 일했던 동료들도 있지만, 반 이상은 모르는 분들이었다. '그나마 내 자리는 남아 있다'는 안도감과 낯선 불안감이 공존했다.

'과연 나는 앞으로 괜찮을까?'

마흔에 첫 아이를 출산한 나는 모든 게 서툴렀고 미지의 세상에 서 있었다. 익숙한 모든 것이 바뀌었고, 새로운 달리기 트랙에 서 있는 것만 같다. 까맣던 하늘이 밝아오는 하늘로 바뀌었다. 다시 현재로 정신이 돌아온다. 불안, 초조, 걱정의 감정이 파도처럼 밀려온다. 바다를 바라보니 조금 전 파도의 모양은 부서지고 다시 새로운 모양이 생겼다. 끝없이 밀려오고 부서지는 파도, 한시도 같지 않은 하늘의 색. 변화하는 것이 자연의 이치였다. 머무는 것은 없었다. 모든 것은 변했다. 순간, 인생에서 무언가를 부여잡고 있는, 좀처럼 놓아주지 않으려 하는 내가 부질없어 보였다. 기존의 것은 놓아 주고 새로 받아들여야 한다. 기꺼이 변화를 마주해야 한다. 거대한 자연 앞에 순종하는 마음과 변화를 맞닥뜨리겠다는 결연함에 왈칵 눈물이 났다. 한껏 작아진 나의 귓가에 파도 소리가 들린다.

"괜찮아, 괜찮아."

마음을 어루만지며 연주하는 아름다운 선율 같았다.

아침 시선의 친구, '차'

가장 친하고 의지하는 벗이 누구냐고 묻는다면, 그 대상이 사람이 아니어도 된다면 '차'라고 대답할 수 있다. 늘 곁에서 묵묵히, 그리고 조용히 응원해 주는 든든한 벗, 세상의 풍미를 담은 '차'이다.

아침 이른 시간에 여유를 가지면서 차와 보다 가까워졌다. 바빠서 차를 잘 마시지 못할 때도, 슬픈 감정에 휩싸여 휘청일 때도, 화가 나서 정말 무엇인가 끝장낼 태세로 씩씩댈 때도 차는 늘 변함없이 그 자리에서 기다려 주는 친구 같다. 한결 같이 마음을 받아주는 친구, 고마운 평생 친구의 강점은 무엇일까 떠올려 본다.

'알아차리다'

차는 늘 지금, 이 순간으로 돌아오게 하는 힘이 있다. 차를 마시기 위해 도구를 꺼내고 우려내는 순간은 늘 몰입하게 된다. 차의 향기를 맡고 숨을 내뱉으며 '아, 내가 숨을 쉬고 있구나'를 새삼 깨닫게 된다. 차를 우려내어 따른 찻잔에 찻잎의 작은 부스러기가 떠 있다. 가만히 가라앉기를 기다린다. '아, 저 부산스러운 찌꺼기는 가만히 두니 가라앉는구나!' 이런 깨달음 끝에 차가 나에게 말을 걸어온다.

"네가 지금 느끼는 이 감정을 부스러기라고 생각해 봐. 그 감정을 느끼게 한 사실 자체는 없어지지 않아. 네가 느낀 지금의 감정도 없어지지 않지. 근데 가만히 둬 봐. 그럼 가라앉을 거야. 어때, 조금 기분이 가벼워지지 않니?"

가만히 차를 마신다. 정말 한결 가벼운 기분이다. 차를 마시는 동안에는 감정에 휩쓸리기보다, 감정을 내려놓고 바라보게 된다. 타인을 향한 시선이나, 감정, 생각에서 벗어나 나를 향해 스스로 물어보고 답하게 되는 시간이다.

'회복하게 하다'

오늘도 야근을 했다. 같이 야근한 동료들과 회사 옆 고깃집에서 맥주를 마셨다.

"그만하시죠, 들어가세요."

언뜻 듣기에는 일을 잘 마친 후 들어가자는 말로 들리지만, 이 말을 들은 상황을 생각하면 지금도 아찔하다. 경영 회의를 위한 자료를 사전 리뷰하는 자리였다. 전달할 메시지도, 메시지를 지지할 데이터도, 데이터와 메시지를 표현한 구조도 뭔가 부족해 보였다. '지금 이 보고서가 어떤 것 같냐'는 상사의 질문에 '이렇게 보고하는 게 맞는지 모르겠다'고 솔직히 대답했다. 생각해 보면 자료가 부족하다고 말할 뿐 대안을 제시하지 못한 태도였다. 상사로서도 답답했을 것이다. 그래서 나온 말일까, "그만 회의하고 들어가세요"라는 말을 들었을 때 모두 얼어붙었다. 회사 생활을 하면서 들었던 말 중에 가장 쌀쌀한 말이었다. '내가 큰 잘못을 한 것일까, 들어가라니, 진짜 집으로 돌아가야 하는 것일까? 저 말의 의미는 무엇이지?' 머릿속에 오만가지 생각이 가득했다. 더군다나 기존에 업무를 함께한 적이 없던 상사인지라, 그분의 스타일을 잘 몰랐다. 내일까지 자료를 제출해야 하는데 들어가라니, 어찌할지 모르던 나와 동료들은 우선 저녁이나 먹자, 하고 나왔다.

　동료들과 힘내자며 위로하면서 고기를 우걱우걱 씹으니 맥주도 한잔하자는 말이 나왔다. 식사의 안줏거리는 아까 회의 자리였다. 가뜩이나 속상해하고 있는데, 친한 동생처럼 지내는 동료가 불을 지른다.

　"아까 회의할 때 그 데이터는 없다고, 한계가 있다고 더 단호하게 설명해 주셨어야 했어요. 안되는 것은 안 되는 건데 다음부터는 좀 더 설명을 명확하게 해 주시면 좋을 것 같아요."

　갑자기 참고 있던 억울함과 속상함이 명치 끝까지 올라와 나도 모르게 이렇게 내뱉었다.

　"아! 그럼, 내가 이야기하지 그랬어! 왜 그 자리에서 넌 가만히 있었던 건데."

　뾰족한 내 마음이 그 친구를 사정없이 찌르고 말았다. 미안함과 속상함에 그 자리에서 엉엉 울어 버렸다. 자존심이 센 나는 웬만해서 남 앞에서 울지 않는데, 친한 사이라 위로를 바랐는데 질책을 하니 서운함이 몰려왔다.

　나를 울린 친한 동료는 그제야 '미안하다, 본인도 그 상황에서 어려웠다'며 한참 속마음을 이야기하고 고깃집을 나와 아이스크림을 사서 나에게 건넸다. 퉁퉁 부은 눈으로 회사 1층 로비에서 아이스크림을 먹고 다시 사무실로 올라갔다.

　상사의 집무실은 불이 꺼져 있었다. 여러 팀의 자료를 취합하여 최종 정리를 하는 다른 팀의 동료에게 물어보니, 현재의 버전에서 구성만 수정하라고 하셨다고 했다. 더 이상 내가 할 일은 없었기에 우리도 사무실을 나왔다. 집에 와서 잠을 청했지만, 지워지지 않는 감정과 허탈함으로 어수선하기만 했다. 불안한 마음도 잠잠해지질 않는다. 내일 상사를 어떻게 마주하지? 상사에게 찍힌 것일까? 걱정이 몰려왔다.

　몸을 뒤척이다 이불을 젖히고 일어난다. 거실 테이블에 앉아 바짝 말린 세상을 머금은 친구를 마주한다. 출렁이던 근심 걱정이 잠잠해지고, 마음의 창에 뿌옇게 쌓인 먼지가 씻겨 내려간다. 차를 만나고 나면 마음에 영롱한 이슬이 맺히는 듯하다. 이슬은 나를 보듬어 준다. 깨끗하게 닦인 마음을 열면, 친구는 나를 따뜻하게 안아 준다. 서두르지도, 유난하지도, 부담스럽지도 않다. 가만히 조용한 마음으로 보듬어 주는 것 같다.

'그래, 그래, 그래.'

어떤 평가나 조언도 하지 않는다. 그저 따스하게 등을 어루만져 준다. 하얗게 질린 차가운 몸에 따스한 온기가 돌고, 불투명했던 시선이 좀 더 선명해진다. 아까의 회의 시간을 복귀해 본다. 상사가 물었던 질문의 의도를 감정을 배제하고 판별해 본다. 무엇이 문제였는지 다시 정의해 본다.

보고 자료가 문제라고 이야기하기 전에, 전달 메시지에 관한 확인이 더 필요했다. 우리가 만든 데이터가 맞다 틀리다가 아닌, 전략 방향이 무엇인지 좀 더 묻고 방법을 찾았어야 했다. 억울했던 마음이 가라앉자 앞으로 무엇을 해야 할지 선명해졌다.

새벽에 차를 두고 나를 마주하는 것은 스스로를 보듬고 회복하게 해 준다. 정신없이 해야 하는 일에 갇혀 있을 때, 차를 마시면 삶의 속도가 잠시 늦춰진다. 스스로 질문하고 사유하는 시간, 그런 하루하루가 쌓이니 생각에 대해 조금씩 선명해졌다.

차와 함께하는 새벽은 삶을 흔들림 없이 살기 위한 단단한 근력을 만들어준다. 지금도 여전히 근력이 느슨해지지 않게 매일매일 조금씩 조금씩 단련하고 있다.

차의 시선: 나를 보듬는 치유

혼자 하는 의식

"가지가 반으로 가다가 멈추어 볼 때 의미가 있다."

아직 어둑한 새벽, 어스름하고 고요하다. 조용한 가운데 물이 끓어오른다. 적막한 새벽에는 물 끓는 소리가 기관차 소리처럼 크게 느껴지기도 한다. 행여 식구들의 잠을 방해할까 귀를 쫑긋하게 된다. 남편의 코 고는 소리와 아이의 잠자는 호흡에 잠시 귀를 기울이며 안도한다.

어떤 찻그릇으로 우려 마실지 아주 짧게 고민하는 찰나, 늘 사용하는 편한 것으로 손이 향한다. 찻그릇을 가지런히 테이블에 올려둔다. 물이 끓은 전기 포트는 잠시 열기가 가라앉게 옆에 둔다. 천천히 끓인 물을 차 우림이, 우린 차를 담는 식힘이, 차를 마시는 그릇 보듬이에 부어 온기를 머금도록 해 준다. 차를 우리는 우림이의 뚜껑을 열고 찻잎을 넣는다.

'차르륵'

고요함을 깨는 소리가 선명하다. 이때 살짝 한눈을 팔면 찻잎이 흩어지면서 바닥에 떨어진다. 집중하며 살짝살짝 검지와 중지를 모아 찻잎을 밀어 우림이에 넣는다. 건조된 찻잎이 우림이와 만나는 선명한 소리, '차르륵'은 마치 '새로운 오늘을 시작해볼까'라는 하루의 시작을 알리는 음률 같다. 한 김 식힌 물을 찻잎이 담긴 우림이에 부어준다. 내리는 물줄기가 일정하도록 집중한다. 우림이에 가깝게 시작해서 높이를 올려 물을 붓고 다시 아래로 가만히 내린다.

이제 우림이 뚜껑을 닫고 기다린다. 차를 우리는 시간은 정해져 있지 않다. 그날그날 기호에 따라 연하게 마시고 싶으면 시간을 짧게, 좀 더 진하게 마시고 싶으면 길게 하면 된다. 자칫 딴생각을 하거나 앞에 놓인 책에 잠시 한눈을 팔기라도 하면, 이날은 쓴맛이 가득한 차를 마시게 된다. 첫 잔을 오래 우려 쓴맛을 느끼면 두 번째 잔은 싱겁게 느껴진다. 첫 잔은 조금 연하게 우려 내어 부드럽게 마시는 것을 좋아한다.

이제 뚜껑을 열고 식힘이에 찻물을 부어 다시 찻잔으로 옮긴 다. 살짝 코 밑으로 가져와 향을 맡고 입가로 가져와 한 모금, 두 모금, 세 모금 찬찬히 마신다. 절로 '하아' 숨이 쉬어진다.

다시 우림이에 물을 붓는다. 물줄기 소리가 어느 산자락의 계 곡을 떠올리게 한다. 고요함 속의 선명한 음은 머리를 맑게 해 준다. 차를 마시는 시간을 그림으로 그린다면, 윤곽이 뚜렷한 동 양화의 선의 느낌이다. 정신을 깨어나게 하는 또렷한 소리가 좋 아 살며시 미소가 지어진다. 찻잔을 코끝에 가까이 두어 향을 맡 고, 입가에 찻잔을 살포시 대어 다시 찬찬히 마신다. 차의 따스 함이 나를 쓰다듬어 주는 것 같다. 따스하고 편안하다.

비로소 창문이 열리고 공기가 흐르는 방 안처럼, 몸이 순환되 며 천천히 호흡을 찾아간다. 자발적인 고독의 새벽, 오롯하게 혼 자 마주하는 시간은 어느새 밝아 아침이 된다. 창문을 한껏 밀어 바깥 공기를 마셔 본다. 새벽에서 아침으로 변화하는 공기의 신 선함, 그 시간에만 맡을 수 있는 공기의 향을 사랑한다.

노트를 꺼내어 편다. 사각사각, 펜촉이 종이에 마찰하는 소리 만이 들린다. 새로 꺼낸 펜이라 촉이 살아 있다. 이때만 들을 수 있는 촉이 살아 있는 마찰의 느낌이 좋다. 떠오르는 생각을 여과 없이 적기도 하고, 오늘의 계획을 정리하기도 하고, 회사에서 진행하고 있는 프로젝트의 아이디어를 끄적이기도 한다. 손가락이 살짝 아프다고 느낄 때쯤 잠시 멈추어 차를 마신다.

이렇게 하나의 의식으로 시작한 아침은 좀 더 여유로운 마음으로 스스로 삶을 주도한다는 자기 효능감을 느끼게 된다. 타인을 향해 보다 열린 시선으로 하루를 준비한다. 출근 준비를 하는 남편에게 밝게 '굿모닝'을, 잠이 덜 깬 딸 아이에게 '좋은 아침이야, 사랑해'라고 인사하며 아침 식사 준비를 한다.

회사에 출근해서도 표정이 밝다. 억지로 웃는 것이 아닌 반가운 마음이 절로 담긴 인사를 나눈다. 차를 마시는 쉼의 시간으로 충전된 에너지는 일할 때도 생산성을 높여 보다 주도적으로 업무에 몰입하게 한다. 회사에서 시키는 일임에도 일의 목적과 의미를 나만의 언어로 정의한다. 스스로 정의한 일은 방향이 명확하고 속도가 붙는다. 일이 재미있어, 배우며 성장하고 있다는 자기 효능감의 에너지는 더욱 확장된다.

생산성의 효과는 차를 마시는 의식을 하지 않았을 때 바로 알 수 있다. 아침 의식을 생략한 오전, 정신없이 일어나 아이를 유치원에 등원시킨다. 그런 뒤 부리나케 회사로 달려간다. 이런 날이 반복되면 몸과 마음이 메마른 고목 같다. 피곤하고 모든 일에 짜증이 난다. 몇 분 몇 초 차이로 지각을 앞두었을 때 바로 코앞에서 지하철 문이 닫힌다. '어휴 진짜, 10분 지각이다. 되는 일이 없네.' 한숨을 푹푹 쉬며 꽉 쥔 손이 미끄러워 핸드폰을 떨어트린다. 핸드폰 모서리에 '쿡' 하고 상처가 찍혔다. 찍힌 상처가 내 마음 같다. 회사에 도착하기도 전에 에너지는 이미 방전이다. 피곤한 몸으로 자리에 앉아 냉소적인 표정으로 노트북을 켠다. 이런 날은 스스로에 대한 평가도, 타인에 대한 평가도 부정적으로 변하는 것 같다.

'여기까지 왔는데, 이렇게 해서 뭐하지?'
'아, 이건 왜도 못 하니, 내가 이것밖에 안 됐나….'
'저 사람은 도대체 왜 저러지?'

자신을 부정하고 일에 대한 기여도를 낮게 평가한다.

아침 의식을 했을 때와 하지 않았을 때 차이는 무엇일까? 내가 마주하게 되는 상황은 같다. 하지만 상황을 바라보는 태도와 반응하는 마음의 여유 공간에 큰 차이가 있다. 번아웃의 끝에 섰을 때 나 자신을 건져 낸 것은 차와 함께하는 새벽의 의식이었다. 새벽에 차를 마시는 시간은 생각과 감정면에서 저녁보다 좀 더 자유롭다.

저녁에 마시는 차는 감정과 번뇌에 갇히는 경우가 많다. 퇴근 후 아이가 잠든 밤, 술 대신 차 한잔을 홀짝홀짝 마시며 하루의 소란함을 잠재워 보려 하지만, 생각이 꼬리물기를 시작한다. 그럴 때는 잠을 청하는 것이 좋다. 한숨 자고 일어나면 어제로부터의 감정에서 조금 벗어나게 된다. 그 사이 공간이 생긴다. 감정이 차지했던 공간이 비워지게 되면 다른 사유를 받아들일 수 있는 여백이 만들어진다.

어디 둘 곳 없던 마음이 공간의 여백에서 잠시 쉬어간다. 스스로를 보듬으며 질문한다. 이제 온전히 나를 마주하여 바른 질문을 할 수 있는 시간이다.

그 일이 삶의 끝에 섰을 때도 괴로운 일인지?

언제 행복한지?

나에게 중요한 것은 무엇이지?

관계로 얽힌 사람들에게 얼마나 베풀었는지?

아침 이슬이 먼지를 닦아내어 주듯, 차를 마시며 어제의 부정적인 생각으로 자국난 상처를 닦아낸다. 마음에 낀 때를 닦는다는 느낌이랄까, 내 안에 있는 회복의 에너지를 발견하는 시간이다. 마음이 복잡하면 '아무튼 새벽에 차를 마시자'라고 스스로에게 권한다.

삶의 끝에 서면

당신은 자신이 한 어떤 일도

중요하지 않다는 것을 알게 된다.

중요한 것은 그 일을 하는 동안

자신이 어떤 사람이있는가 하는 것이다.

당신은 행복했는가?

다정했는가?

자상했는가?

남들을 보살피고 동정하고 이해했는가?

너그럽게 잘 베풀었는가?

그리고 무엇보다도 사랑했는가?

- '삶의 끝에 서면', 쇠렌 오뷔에 키르케고르

함께하는 의식, 차벗

"저번에 오렌지리프에서 스치듯 만난 J입니다. 댓글을 달다가 너무 말이 길어져 지우고 메시지를 보내요. 피드를 볼 때마다 저랑 생각하는 게 비슷하다는 느낌을 많이 받았어요. 근데 얼굴을 몰라 지나치듯 안녕했네요. 곧 출산일 다가오시죠? 아가 만나기 전에 시간 되시면 차 한잔 함께하면 좋겠네요."

출산을 앞두고 위시리스트에 담아 둔 차실에 다니던 때였다. 연희동에 있는 카페, '오렌지리프'의 판나코타가 먹고 싶었다. 인스타그램에 검색해 보니 마침 카페 주인도 차실에 나와 있다는 소식이 있었다. 한번 만나고 싶었던 분이기도 해서 회사 일을 마치고 카페로 향했다.

　도착한 작은 차실 안에는 제법 손님이 많았다. 만나고 싶었던 주인장과 친해 보이는 여성 두 명, 그 옆에는 대만차를 배웠던 선생님도 계셨다. 선생님과 반갑게 인사를 나누고 뒤편의 자리에서 판나코타와 녹차를 주문해서 기다렸다. 카페 주인장이 사려 깊고 친절해 보여 이야기를 걸어볼까 하다가 쑥스러워 관심 없는 척 주변을 둘러봤다. 앞의 여성 두 명은 활기차게 대화를 이어 나갔다.

　새로운 손님이 매장에 들어왔다. 카페 주인은 두 여성을 안쪽의 작은 룸으로 안내했다. 앞쪽 빈자리로 옮겨 앉을까 살짝 고민하다가, 불뚝 나온 배가 부담스러워 원래 자리에서 허리를 폈다. 무심한 듯 시선을 판나코타에 두며 조금씩 베어 먹는 데 집중했다. 딱딱한 의자에 앉아 있으니 배가 뭉쳐 온다. 아쉬웠지만 서둘러 다른 약속 장소로 발길을 향했다.

　인스타그램 다이렉트 메시지의 주인공은 바로 오렌지리프에서 스치듯 만난 여성 중 한 명이었다. 연희동 카페에 다녀온 사진을 인스타그램에 올리자, 본인도 그 자리에 있었다며 댓글이 달렸다. 스치듯 만난 이후 서로의 SNS를 더욱 관심 있게 지켜봤던 것 같다.

'띠링' 전달된 다이렉트 메시지. 마침 그분의 인스타를 보면서 나와 비슷한 결을 지닌 것 같다고 생각하던 차에 받았던 메시지였다. 출산을 15일 앞둔 터라 지금 만나지 않으면 한참을 못 볼 것 같았다. 망설임 없이 바로 약속을 잡았다. 그녀를 만나기로 한 그날은 제법 찬 바람이 부는 가을의 끝자락이었다.

옥인동 '이이엄 차실'로 향하는 발걸음에는 약간의 긴장감이 느껴졌다. 난생처음 SNS로 연락해 온 낯선 이와의 만남이었다. 만나기 전 한 번 더 그녀의 피드를 살펴봤다. '공부하는 엄마'라는 프로필에서 성실함이 느껴졌고, 꽤 많은 부분을 차지하고 있는 차와 관련된 사진들을 보며 취미가 비슷하다는 생각이 들었다. 좋은 사람일 것 같았다. 하지만 SNS란 보이고 싶은 이미지로 만들어질 수 있고, 아주 아주 적은 확률이지만 '이상한 사람일 수 있지 않을까'라는 불안감도 들었다. 아니면 '그분이 나와 대화를 한 뒤 실망하면 어쩌나'라는 걱정이 들기도 했다. 이것은 흡사 이상형을 만나러 소개팅에 나가는 마음이었다.

먼저 도착한 그녀는 수선 우롱차를 주문하여 마시고 있었다.

'아, 나도 좋아하는데 수선 우롱차.'

취향이 비슷하다고 생각했다. 맛을 비교할 수 있게 다른 종류
인 육계 우롱차를 주문했다.

"저도 수선 우롱차, 사실 좋아해요."

대화의 물꼬는 역시 '차'이다. 아주 짧은 어색함을 뒤로 그녀
에게 말을 건네자, 반색하며 대답을 한다.

"정말 향이 섬세하고 좋지요, 저도 너무 좋아해요. 제가 갑자기
디엠 보내서 놀라셨지요?"
"아니요, 저도 너무 궁금했어요. 한번 만나보고 싶었어요. 여기
오는데 왜 이렇게 설레는지, 소개팅 나오는 것 같더라니까요."
"아, 저도 그랬는데(웃음), 제 남편이 이상한 사람이면 어떡하
나 그러더라고요."
"(웃음) 저도 혹시 이상한 사람이면 바로 튀어야지 했어요."

다소 어색하게 미소 짓던 입술이 활짝 펼쳐졌다. 우리는 서로
를 보며 환하게 웃었다. 그리고 각자의 찻잔을 입으로 가져가 한
모금, 두 모금 마셨다. 차의 향기와 따스한 온도가 몸으로 전해
졌고, 상대의 미소에서 차 향기가 나는 것 같았다. 어색했던 둘

사이의 장벽이 차의 온기로 사르르 녹아내리자, 자연스레 대화가 이어졌다. 좋아하는 차, 비슷한 차의 취향, 서로 비슷하게 했던 고민들. 마주 앉은 우리의 대화는 끊임없이 흘렀다.

사실 나는 그렇게 수다스러운 스타일이 아니다. 낯도 많이 가리고 평소 상대의 말을 더 많이 듣는 편이다. 우리는 거의 반반의 점유율로 서로 이야기를 귀담아들어 주고, 각자의 말을 이어 갔다. '만나서 할 말이 없으면 어떡하지'라는 고민이 무색하게, 할 말이 너무 많아 시간이 부족했다.

어른 둘이 처음 만난 자리에서 스스럼없이 개인 이야기를 꺼내고 일상사를 나눌 수 있었던 건 아마 차와 함께였기 때문이지 않을까. 차를 음미하면서 일상을 서행하고, 그 과정에서 서로를 마주하게 됐다. 차향처럼 은은하게 흘러나오는 일상사를 나누면서 함께하는 시간이 향기롭게 물들어갔다. 아쉽게도 서로 떠나야 할 시간이 되었다. '건강하게 출산 후 만나자'라는 인사를 나누고 헤어졌다.

그리고 1년 후, 그녀에게 연락이 왔다. 아파트 근처 작은 차실을 열었는데 시간 되면 놀러 오라고 했다. 주말에 남편에게 아이를 맡기고 차실로 향했다. 이번 발걸음은 좀 더 빠르고 설렜다. 그동안 우리는 계속해서 인스타그램으로 서로의 근황을 나누고

'언니, 동생'이라는 호칭으로 소통하고 있던 터였다. 빨리 만나고 싶은 동생에게 달려가는 즐거운 발걸음의 리듬이 느껴졌다.

처음 만났을 때도 그랬지만, 두 번째 만남도 대화가 쉼이 없었다. 이제 그만 일어나야지, 하다가도 대화가 이어졌다.

"저는 사실 뭔가 많이 하고 있지는 않은 것 같은데, 그런 저에게 '너 참 별것 다 한다, 애쓴다'는 말을 들으면 괜히 기분이 안 좋아지더라고요. 응원하는 느낌보다는 왠지 저에게 유난하다고 하는 것 같거든요. 사실 저는 김미경 작가님이 운영하는 온라인 대학, MKYU도 가입했는데 이런 거는 주변에 이야기 안 해요."

친한 친구에게도 이야기하지 못했던 속내가 '툭' 하고 나온다. 겉으로 봤을 때는 조용할 것 같은 나는 사실 새로운 것을 배우고 도전하는 것을 좋아한다. 뭔가 내세우거나 나대는 것을 싫어하는 탓에 마음속에 열정이 끓고 있지만, 겉으로는 많이 표출하지 못한다. 나를 잘 아는 지인들은 여기에 번쩍, 저기에 번쩍하며 다양한 것을 하는 나를 '임길동'이라고 부르기도 한다.

가만히 내 이야기를 듣고 있던 친구는 "어머 어머" 하면서 맞장구를 친다.

"어머, 언니 저도 그래요. 회사 그만두고 집에 있게 되면서 많이 힘들었거든요. 주변 엄마들이랑 이야기 나누는 것도 재미있지만, 이런저런 시댁 이야기, 남편 이야기, 이 아이가 저랬더라. 저 아이가 저랬더라, 하는 이야기는 그냥 흘러가잖아요. 사실 시간이 아깝기도 해요. 저도 이번에 MKYU 가입했어요! 저희 또 통했네요. 고등학교 때부터 김미경 학장님이 저의 멘토였어요. 근데 이거 한다고 하면 주변에서 '뭐 그런 것까지 하냐, 유난이다' 하면서 은근 이상하게 보더라고요. 이런 이야기 언니랑 나눌 수 있어서 정말 좋아요."

우리는 주변 사람에게 이야기했을 때 공감받지 못했던 속내를 꺼내어 나누었다. 남들은 별나다, 유난하다, 하며 이상하게 봤는데 둘은 너무나 이해가 잘 되었다. 우리는 서로 고민하는 삶의 방향, 의미 있는 일을 하고 싶다는 깊은 마음속 열망을 나누었다.

"언니, 저는 사람들에게 의미 있는 일을 하고 싶어요. 때론 이런 제가 누군가를 가르치는 것을 좋아하는 것일까, 오지랖을 부리는 것이 아닐까, 사람들을 이끌고 싶은 마음이 있는 것은 아닐까 고민을 했어요. 하지만 저는 단지 제가 좋아하는 차를 사람들에게 알리는 일을 하고 싶어요. 그중에서도 한국차를요. 이 차실을 시작한 것도 사람들을 만나는 시작점이지 않을까 용기를 내어 봤어요. 수익을 내는 것보다 월세 나가는 것만 메꿀 정도는 활동해 보자 싶은데, 너무 이상적인 것을 바라는 것인지 고민이 되네요."

한국차를 알리고 싶다는 그녀의 열망과 한국적인 것으로 세상과 소통하고 싶다는 나의 열망이 맞닿았다. 우리는 한국차를 알리는 일을 해 보자며 의지를 함께 다졌다. 사람들의 마음이 힘들 때 쉼터가 되고, 힘이 될 수 있는 공간과 프로그램을 운영하는 것이 우리가 하고 싶은 일의 방향이었다. 당장 아이를 키우고, 회사에 다니기 때문에 마냥 시간을 낼 수는 없지만, 느린 속도여도 포기하지 말자며 서로 격려했다.

처음 인스타 DM으로 연락을 보낸 차벗, 지현이는 한국차를 알리는 브랜드를 만들고 '이음제이' 대표가 되었다. 아이 둘을 돌보느라 속도를 내지 못하지만, 그녀는 '새벽에 차를 마시는 시간'이라는 '새차시 커뮤니티'도 운영하고 있다. 지현이는 대기업에 입사하고 항공사 스튜어디스로 경력을 옮겨 인정받는 회사 생활을 했다. 하지만 육아를 위해 회사를 그만두면서 우울함과 절망에 빠졌다. 그런 그녀를 일으켰던 것은 매일 4시에 일어나 모닝 페이지를 쓰고 차를 마시는 루틴이었다. 혼자 1,200일이 넘게 이어왔던 의식은 이제 함께하는 커뮤니티 운영으로 이어졌다. 그녀가 어려웠던 시기를 차의 도움으로 극복했던 것처럼, 사람들의 내면의 자립을 위해 프로그램을 운영한다. 우리가 처음 만났을 때 함께 마셨던 차의 향기가 점점 다른 사람들에게도 퍼져 나가는 것 같다.

　그냥 스쳐 지나갈 인연일 수 있었지만, 우연한 만남과 공감, 그리고 서로의 노력이 더해져 지금은 좋은 삶의 동행자가 되었다. 차를 좋아한다는 공통점은 다양한 관심사의 유사성으로 쉽게 연결되었다. 삶을 바라보는 시선의 결이 닮아서일까, 처음 만날 때부터 강한 이끌림이 있었다. 오렌지리프에서 스치듯 만났던 또 한 명의 여성도 참여해 우리는 셋이 되었다. 우리는 이후 많은 것을 함께하게 되었다. 글을 쓰고, 새벽 기상을 하고, 모닝 페이지를 쓰고, 차를 마시고, 인생의 나침반이 되어줄 차 인문학을 공부하며 서로를 끌어주고 밀어주고 있다. 좀 더 무르익으면 함께 무엇인가를 하고 있을 것이라는 설렘으로 아직은 추상적이지만 미래를 위한 밑그림을 그리고 있다.

아무튼, 차 한잔 같이 드시죠

새벽에 만나는 사람들이 있다. 매주 정해진 분량의 책을 읽고 모닝 페이지를 작성한 후 매일 카카오톡으로 인증한다. 주말에는 온라인으로 아침 6시에 만나 주제별 이야기, 모닝 페이지를 작성할 때의 감정, 좋았던 점, 어려웠던 점 등에 관해 이야기를 나눈다. 혼자서도 충분히 루틴을 지켜 내며 잘해 나갈 때도 있지만, 스스로 이끌어갈 힘이 없어지는 시기가 늘 있다. 그럴 때는 모든 것이 부질없다는 부정적인 인식이 가득해진다. 입으로는 아무 것도 하고 싶지 않다고 말하지만, 사실 마음속 깊이 나를 일으켜 세우고 싶다는 간절함이 있다. 이럴 때 좋은 방법은 혼자가 아닌 함께하는 시스템에 나를 가두는 것이다. 자유 의지가 부족하다면 억지로라도 따라 하다 보면 조금씩 자신을 일으킬 수 있다.

처음 지현이가 새벽에 차를 마시는 시간, '새차시' 모임을 시작한다고 했을 때 열렬히 응원은 했지만, 실제 참석자로서는 그다지 관심은 없었다. 커뮤니티에 참석하지 않아도 이미 차를 마시고, 글도 쓰고, 모닝 페이지를 작성하고 있었기 때문이다. 하지만 이 생각은 곧 바뀌게 되었다.

육아휴직 후 회사에 복직한 시기, 회사 일도 육아도 녹록지 않았다. 회사와 집안일 사이에서 중심을 잡는 것도 어려웠고, 회사라는 살벌한 전쟁터에서의 생존을 위해 하루하루 의미 없이 보내기만 했던 시기였다. 이미 고난의 시기를 보낸 친구가 '지금은 그냥 버텨야 하는 시간'이라 했다. 나만 그런 것이 아니라는 안도감과 눈앞에 존재한 거대한 산의 버거움이 동시에 느껴졌다. 왜 이렇게 힘들까 가만히 생각해 보았다.

'반드시 존재해야 할 것의 부재', 매일 못하더라도 멈추지 않았던 나만의 의식이 사라졌다. 여전히 내 곁에는 '차'의 존재가 있었지만, 차는 그저 빠르게 우려내어 마시는 기호 식품에 불과했다. 나에게 하는 질문도, 작성하는 일기도, 목표에 대한 어떤 구체적인 계획도 없었다. 그냥 눈앞에 닥친 것을 해결하는 데 급급했던 것이다.

새로운 새차시 기수를 모집한다는 글이 올라왔다. 나는 지체 없이 신청했다. 프로그램은 약 3개월, 100일 동안 진행이 되었다. 모르는 사람 앞에서 인증을 해야 한다고 하니 긴장도 되고, 잘해야 할 것 같은 괜한 압박감도 있었다. 남들 앞에서 이런저런 개인적인 이야기를 나눠야 한다고 생각하니 부담도 되었다. 못한다고 말할까 몇 번을 망설였다.

　　모임이 시작되었다. 다들 어찌나 부지런한지 새벽 4시, 5시가 되면 어김없이 카톡이 울렸다. 각자 마신 차를 올리기도 하고, 자신의 모닝 페이지를 소개하는 인증도 올라왔다. 새벽에 바라본 달이 아름다웠다는 감상을 전하기도 하고, 새벽에 깬 갓난아이를 재우고 차 한잔을 마시며 간신히 책을 읽었다는 인증도 있었다. 이들을 보며 나도 뭔가 해야겠다는 생각에 졸린 눈을 비비고 일어나 물을 끓이고 창문을 힘껏 밀었다.

　　함께하는 의식에서 가장 좋았던 것은 서로의 경험을 나누는 시간이었다. 토요일 새벽 6시, 줌을 켜고 민낯을 보여준다는 것이 부끄럽기도 했지만, 보이는 얼굴은 중요하지 않았다.

　　6시가 되자 한 명씩 줌에 들어온다. 시작한 지 두 번째 되는 주였다. 매일 사진과 생각을 주고받다 보니 마치 원래부터 알았던 지인 같다. 새벽 기상을 함께한다는 전우애가 쌓인 것일까, 줌 속에서 인사하는 멤버들이 더욱 정겹다.

"오늘은 두 번째 위크, 정체성을 되찾는 주간이었어요. 이번 주는 한국 녹차를 이야기해 드리려고 해요. 마침 제가 하동에 다녀왔는데요, 지리산을 품은 차밭의 모습이에요."

커뮤니티 리더 지현이는 며칠 전 다녀온 하동에서 찍은 차밭 사진과 영상을 보여주면서, 한국 녹차를 소개했다. 안개 낀 차밭의 모습이 싱그럽고 아름답다. 화면에 보이는 얼굴에 미소가 가득하다. 각자 줌에 참석하면서 마실 차를 우려 화면 앞에 놓았다. 목을 축일 겸 녹차 한 잔을 마신다. 주말에 잠을 자도 모자랄 이 시간, 모인 사람들의 사연도 다양하다. 가족들이 잠든 시간에만 일을 할 수 있는 육아맘, 스타트업을 꿈꾸는 대학생, 곧 이탈리아로 떠날 디저트 전문 셰프, 쌍둥이를 키우는 통·번역사님, 강원도에서 펜션을 운영하는 작가님, 제주도에서 작은 찻집을 하는 분 등 직업도, 살고 있는 장소도 각양각색이다.

두 번째 주에 함께 읽은 책의 주제는 '창조성 회복'이었다. 창조적 자아를 되살리는 과정에서 밀물과 썰물처럼 회복기와 침체기가 반복된다. 새벽에 일어나 모닝 페이지를 작성하면 스스로 자신을 회복시키고 있다는 긍정적인 감정이 들기도 하지만, 굳이 지금 내가 왜 이 새벽에 이러고 있나, 하는 회의주의에 빠지기도 한다. 또는 주변에서 나를 방해하는 듯한 일들이 생기곤

해서 새벽 기상을 포기할 때도 있다. 아이가 일어나기 전에 책을 읽고 글을 작성하고 싶지만, 꼭 그럴 때 아이가 일찍 깨거나 잠투정을 한다. 어떤 날은 나를 위한 외출을 하려고 계획을 세우지만, 아이가 아프거나 일이 생겨 약속을 깨게 된다. 새차시 멤버들은 일주일 동안 각자 창조적인 하루를 위해 계획했던 일과 이 일을 하기 어려웠던 이유를 나누었다.

처음에는 새벽에 잘 모르는 타인과 개인적인 이야기를 나눌 수 있을까 우려되었지만, 그건 기우였다. 오히려 차에 대한 이야기보다 각자의 고민과 새벽 기상, 모닝 페이지 작성 경험처럼 개인적인 이야기를 나누는 시간이 더 좋았다. 지극히 사적인 고민과 고백들이 이어졌다. 솔직하게 꺼낸 이야기는 대화의 밀도를 높인다. 우리는 서로를 위로하고, 영감을 주고받으며 노트에 메모하고 각자의 삶으로 돌아갔다.

일요일 새벽 5시 20분, 부랴부랴 카카오 택시를 부른다. 새차시 멤버들과 새벽 6시까지 지현이의 차실에서 만나기로 한 날이다. 차창 밖으로 보이는 풍경이 싱그럽고, 살짝 연 창문에서 부는 바람이 시원하고 부드럽다. 아직 많은 사람이 잠든 도시에서 조용하게 작은 점들이 움직인다. 우리는 일상의 사소한 것을 소중하게 여기고, 하루하루를 의미 있게 보내고 싶은 사람들이었다. 졸린 눈을 비비고 몸을 일으켜 오롯한 혼자만의 시간을 만들고 각자의 삶 속의 해결하고 싶은 문제를 풀어갔다. 서로의 삶을 참견하지는 않지만, 내밀한 대화로 깊은 마음의 응원을 보내주었다. 함께하는 것만으로도 감사하게 생각하던 분들이라 그럴까, 첫 대면 자리지만 편안하게 깊은 대화를 나누었다.

한 분은 허리가 아파서 복대를 하고 오셨다. 멤버들이 다 여자라서 편하게 옷을 들쳐 흘러내리는 복대를 몇 번이나 바로 잡고 이야기를 나누었다. 작가 지망생인 그녀는 아이를 낳고 키우면서 우울함에 빠졌다고 했다. 너무 울적해서 혼자 연극을 보러 갔는데, 몰입해서 보고 나면 기분이 한결 나아져, 같은 연극을 5번 이상 봤다고 한다. 맨 앞자리에서 연극을 여러 번 보러 오는 그녀를 배우들도 알아보기 시작했다. 얼마나 힘들었으면 그랬을까 우리는 눈물이 고였다. 어떤 연극인지 궁금해서 물어보았더니 배우자가 바람난 이야기란다. 배우들이 그녀를 바람난 배우자에게 버림받은 비련의 여자처럼 측은하게 바라보며 연기를 했던 것 같다는 그녀의 설명에 우리는 울다가 박장대소를 하면서 콧물을 닦았다.

그런 그녀가 연극 관람을 그만둔 계기가 있었다. 어느 날은 놀이터에서 놀고 있는 아이를 앞에 두고 의자에 앉아 땅 밑으로 시선을 떨구었다. 그때 보였던 개미가 자신의 몸보다 더 큰 과자 부스러기를 들고 기어가는데, 수십 번을 떨어뜨려도 포기하지 않고 다시 들고 움직이는 것을 한참을 관찰했다. 순간, 저 작은 개미도 저렇게 포기하지 않고 열심히 사는데 이렇게 우울함에 빠져있으면 안 되겠다는 마음이 차올랐다고 한다. 그리고 다시 새벽에 차를 마시고 글을 쓰기 시작했다는 말에 우리는 조용히 박수 쳐 주었다. 서로의 눈을 직접 마주 보며 이야기해서 그럴까, 한 사람 한 사람의 사연을 들을 때마다 왜 그리 눈물이 나던지. 우리는 울다가 웃다가를 반복하며 지현이가 연신 우려주는 차를 나누어 마셨다. 차의 따스한 온기와 향기가 우리를 하나로 이어 주었다.

나만의 의식이 나를 보듬었다면, 함께하는 의식은 서로를 보듬었다. 낯선 이라 그럴까, 어떤 편견도 없이 각자의 의식에 집중했다.

우리를 더욱 끈끈하게 연결해 준 것은 당연히 '차'였다. 공통 관심사인 차를 우려 마시고 경험을 나누면서 좀 더 마음을 열게 되었다. 우리는 함께 나눈 지혜로 서로를 위로하고, 다시 각자의 삶으로 돌아갔다. 삶이 지치고 힘들다고 생각되는 사람이 있다면 따스하게 말을 건네고 싶다.

"아무튼, 차 한잔 같이 드세요."

지금, 이 자리에 접속하다

온몸은 땀으로 삐질삐질, 머릿속은 생각들로 엉켜있다.

'메일 회신을 해야 하는데 깜빡했네. 낼 아침 바로 출근하자마자 미팅인데 자료를 다 읽은 걸까, 아까 급히 나오느라 머그잔을 안 씻고 나왔네. 맞다, 생수를 사야 하는데 아직 주문을 안 했다.'

지하철을 타고 가는 내내 생각이 꼬리에 꼬리를 물었다. 도착한 곳은 티 소믈리에 과정을 배우는 클래스, 야근 후 집에 돌아오는 길에 페이스북 광고에 이끌려 덜컥 등록했다. 퇴근 후 제시간에 맞춰 수업을 들을 수 있을지 걱정되었지만, 첫날은 지각을 면했다. 첫 수업 시간, 어설펐지만 테이스팅 컵에 찻잎을 흘리지 않게 넣고, 시간을 점검하면서 차를 우려냈다. 차의 맛과 향을 표현하는 테이스팅 노트를 작성하다 보니 들려오는 소리, "오늘은 이만 마칩니다" 벌써 끝난 건가, 시작한 지 얼마 지나지 않은 것 같은데 훌쩍 2시간이 지났다.

무엇인가 몰입해 시간 가는 줄 모르는 순간이었다. 현재에 오롯이 집중한 것이 실로 오랜만이었다. 내면 깊은 곳에서 알 수 없는 희열이 올라왔다. 나에게도 이렇게 몰입할 수 있는 대상이 있었구나. 과거에 대한 복기도, 미래 대한 걱정이나 두려움 없이 지금 순간에 집중한 시간, 바로 차와 함께하는 시간이었다. 차를 즐겨 마신 지는 꽤 오래되었지만, 차가 순간에 몰입할 수 있게 하는 대상이라는 것을 처음 알아차리는 찰나였다. '알아차림'에 대해 알아차리는 순간이라 해야 할까, 삶에서 기억나는 중요한 순간을 꼽으라면 주저 없이 이 순간을 꼽을 것 같다.

차를 마시는 시간 중 나에게 가장 의미 있는 시간은 언제일까? 지금, '이 순간에 접속하는 시간'이다. 온전하게 현재에 집중하고 있음을 알아차리게 도와주기 때문이다. 차와 함께 호흡하면 내가 숨 쉬고 있음을 더욱 생동감 있게 느낄 수 있다. 인생이 좀 더 선명한 해상도로 변하는 느낌이다. 평소 주변 자극에 반응하느라 정작 자신을 챙기지 못했던 나를 자각하게 한다.

'내가 행복하기를, 온전히 내가 행복하기를.'

가슴에 손을 살포시 대고 속삭이며 심장의 두근거림과 마주한다. 내가 이렇게 살아 있음을, 이렇게 존재함을 느낀다. 따뜻한 온기가 느껴지고, 곧게 세운 허리와 등의 근육이 늘어나는 느낌을 알아차린다. 시원하게 뻗는 느낌이 좋다는 감각도 그저 알아차린다.

'그래, 그래, 그래. 나에게 그런 감정이 일렁이는구나!'

조용히 눈을 떠본다. 지금 내가 있는 장소를 둘러본다. 따뜻하다. 겨울, 추운 날씨에 따스하게 있을 수 있음에 감사한 마음을 알아차린다.

회사 생활을 하며 간혹 이해되지 않는 상황이 찾아올 때가 있다. 나와 이야기할 때는 문제가 없다고 하고, 뒤에서는 문제라고 이야기한다. 흔히 뒷담화는 당시 맥락과 상관없이 편집되어 전달된다. 그래서 나는 보통 누군가의 소문을 들으면 이야기의 반만 믿는 편이다. 상대방 관점에서 다른 이유가 있을 수 있으니, 직접 경험하고 확인해야 한다고 생각한다. 그런데 이번 경우는 다르다. 아니라고 믿고 싶지만, 뒤에서 편집된 이야기는 날개를 달고 커졌다. 나도 모르는 사이 팀원들의 오해가 덩어리를 키웠다. 어느새 본인 브랜딩만 신경 쓰고 팀을 생각하지 않는, 업무 몰입도가 낮은 팀장이 되어 있었다. 콕콕 쑤시고 베일 것 같은 쓰라린 감정이 나를 찔렀다. 머릿속이 하얗게 새어 아무 생각도 나지 않다가도 '어떻게 한목소리로 저럴 수 있지'라는 배신감에 얼굴이 붉어졌다. 특히 믿었던 팀원이 나에 대해 안 좋은 여론을 몰았다는 것이 슬펐다. 믿을 사람이 없다는 말이 맞는 것일까, 위로하는 다른 동료들의 말들도 다 의도가 있어 보였다.

겹겹이 생각과 감정이 가득 차서 엉켜진 실타래로 답답하다. 조용히 차를 우리는 흰 면포를 꺼내 깔았다. 차를 우리고 마시는 행동에만 집중했다. 그래도 다시 생각이 떠오른다. '어떻게 그럴 수 있지'란 부정적인 감정과 생각이다. '아, 지금 내가 원망하고 있구나', '정말 화가 많이 난다'는 생각과 감정을 알아차린다. 순간 생각 풍선 터트리기가 떠올랐다. 생각이 가득해져서 머릿속이 복잡할 때 일명 '생각 풍선 터트리기'를 한다. 떠오르는 생각에 숫자를 붙여주고 하나, 둘, 셋 숫자가 표시된 생각을 '비눗방울 풍선'이라 상상한다. 생각의 비눗방울 풍선 중에서 없애고 싶은 것을 '톡!' 하고 터트려 본다.

'정말 배신감이 느껴진다'는 생각을 터트린다. '분명 나는 이야기했는데 왜 전달이 안 된 거지?', '정말 화가 난다' 생각 풍선 중 '화가 난다'라는 생각을 터트린다. '근데, 모두가 비슷하게 이야기하는 건 나에게 문제가 있었던 것은 아닐까?'라는 생각 풍선은 남겨둔다. '모르겠어, 아 정말 이렇게 일을 많이 하고도 하는 일이 없다는 이야기를 듣는데 내가 참아야 하는 것일까?' 포기의 생각과 감정의 풍선을 '톡' 터트린다.

눈물이 흘렀다. '아, 정말 그만둘까?'라는 생각 풍선을 터트린다. '원인이 무엇이었을까?'라는 생각 풍선만 남겨둔다. 아래로 생각의 덩어리가 툭 떨어지거나 보이지 않는 분자가 되어 사라졌다. 이렇게 톡톡 비눗방울을 터트리는 상상을 하면 잠시 부정적인 감정에서 한걸음 벗어나는 느낌이 든다. 씁쓸한 감정의 풍선을 터트린 뒤, 남아 있는 명확한 원인을 찾고 스스로 질문을 던졌다. 그리고 다시 차 한 잔을 마신다. 종이에 베인 것 같은 쓰라린 마음이 조금은 차분해졌다.

알아차린 감정은 아래로 가라앉는다. 감정이 사라지는 것은 아니지만, 더 이상 나 자신을 간섭하지 않는다. 언제든지 이 감정의 컵을 흔들면 다시 떠오를 걸 알지만, 그저 앞에 놓인 찻잔에 집중한다. 차의 향과 맛에 집중해 본다. 느껴지는 향을 표현하며 몰입하다 보면 시끄러웠던 마음이 한결 잔잔해진다. 그래도 시끄러운 마음이면 노트를 꺼내 생각나는 대로 끄적인다. 정제되지 않은 단어와 문장들로 가득 채우고 나면 마음이 조금은 시원해진다.

눈을 감으며 떠올려 본다. 이 차가 나에게 오기까지의 여정이 어땠을까. 아름다운 지리산의 야생차밭에서 싱그럽게 피어있던 찻잎. 그 작디작은 찻잎이 나에게로 와 같은 시간을 보내고 있다.

'지금 내가 마시는 차에 자연이 담겨 있구나, 차는 자연을 닮았구나, 그 차를 마시니 내가 자연과 함께하는구나, 그 자연이 내 몸에 들어와 순환하고 있구나.'

이 순간은 늘 겸허해진다. 정말 삶을 끝낼 것 같이 큰 문제라는 생각이 드는 것도 자연 앞에서는 작아진다. 멈추는 것은 없다. 모든 것은 변화한다. 자연스럽게 흐르는 물처럼 해결될 것이다. 시끄러웠던 감정을 정리하고 내가 해야 할 것에 집중한다. 자연을 담은 차와 함께하는 시간을 통해 미래를 걱정하는 것보다 지금이라는 현재 시제에 온전하게 머물며 마음 챙김을 한다.

찰나를 평온하게,
마음 챙김 명상

　차를 좋아하고 배우게 되면서 자연스럽게 접하게 된 것이 '마음 챙김 명상'이다. '마음 챙김 명상'을 경험하게 되었던 계기는 함께 티 소믈리에를 배웠던 은수의 초대였다. 은수는 띠동갑이지만 스스로 원하는 삶을 향해 주도적으로 살아가는, 배울 점이 많은 동생이다.

　어느 날 은수가 카톡을 보냈다. 구글캠퍼스에서 차 세미나를 직접 진행하는데 시간이 되면 참가하라는 내용이었다. 같이 차를 배운 동기가 클래스를 진행한다고 하니 궁금증이 유발했다. 퇴근 후 구글캠퍼스가 있는 삼성동으로 향했다. '구글'이라는 단어에서 힙한 이미지가 그려지기도 했다. 두근거리는 마음으로 도착한 곳은 '지퍼즈 ███'라는 커뮤니티 모임으로, 구글의 107번째 엔지니어인 차드 멩 탄이 직접 만든 명상 프로그램을 배우는 곳이었다. 프로그램이 끝난 후에는 자연스럽게 참석자 간에 가벼운 네트워킹도 할 수 있었다.

"자, 이제 시작하겠습니다. 감고 눈을 감아 봅니다."

눈을 감고 내쉬는 호흡에 집중했다. 처음이라 어색했지만, 가만히 심호흡을 따라 하는 데 신경을 집중했다. 짧은 시간이었지만 마음이 한결 편해졌다. 명상을 이끌었던 여성이 구글러들의 명상 프로그램을 만든 차드 멩 탄에 대해 설명했다.

구글은 직원들의 혁신을 장려하기 위해 본인 시간의 20퍼센트를 핵심 업무 외의 프로젝트에 쓰도록 한다. 차드 멩 탄은 이 시간을 검색 프로그램을 만드는 데 투입했다. 스탠퍼드대 과학자, 선사, 감성 지능 창시자인 대니얼 골먼 등 다양한 전문가들과 함께 연구하며 내면 검색 프로그램을 만들고, 구글러들이 교육받을 수 있는 프로그램을 만들었다. 처음 설명을 들었을 때는 막연히 구글러들이 하는 명상 프로그램이라는 타이틀을 동경했다. 하지만 '마음 챙김'이라는 명상에 매료된 것은 명상할 때 뇌에서 일어나는 과학적인 메커니즘에 대한 설명을 들은 후였다.

호흡하고 마음 챙김을 할 때 뇌에서 어떤 작용이 이루어지는지 상세히 들으니, 명상이라는 것이 과학적으로 다가왔다.

　스트레스를 받거나 긴장하게 되면 뇌의 편도체가 활성화된다. 그러나 호흡에 집중하는 마음 챙김 명상을 하면 전전두피질에서 편도체를 안정화해 감정을 조절한다. 즉, 마음 챙김으로 편도체가 안정화되고 전전두피질이 활성화되는 훈련을 할 수 있다. 매일 운동하면 습관이 되는 것처럼 명상도 하나의 뇌 훈련이다. 그동안 명상이 종교적인 것 같기도 하고 멀게만 느껴졌는데, 과학적인 메커니즘을 알게 되고 접근하기 쉬운 호흡명상부터 알려주니 받아들이기 쉬웠다. 더욱이 누구나 마음 챙김을 연습하면 행복도 훈련될 수 있다는 점이 흥미로웠다. 즐거운 경험이 주는 행복감이나 불쾌한 경험이 주는 아픔이 생길 때, 마음 챙김을 통해 본래의 인간이 가진 '행복 설정값'으로 되돌아갈 수 있다는 점도 신선했다.

　내면에서 북소리가 울렸다. '그래, 이거야!' 차드 멩 탄이 이야기하는 것처럼 평온, 청명함, 행복의 감정을 통해 내 안에 있는 행복의 기본값으로 복귀하고 싶었다. 그리고 이 기본값으로 접속하도록 도와주는 것이 바로 나에게는 차를 준비하고 마시는 시간임을 깨닫게 되었다.

'차를 마시면 마음이 평온해졌는데, 그 시간이 내 행복의 초기 상태로 복귀하는 순간이었구나. 맞아, 차를 마시면 감정에 끌려가는 것이 아니라 감정을 바라보며 관리할 수 있었어. 아, 이것이 마음 챙김에서 이야기하는 반응 유연성이구나.'

차드 멩 탄은 "어떤 외부적인 요인 때문에 괴로워하고 있다면 고통 자체 때문이 아니라 그것에 대한 우리의 생각 때문이고, 우리는 어느 때든 그 생각을 철회할 힘을 갖고 있다"라고 말한다. 이 생각을 철회할 힘이 바로 '반응 유연성'이다.

외부 자극과 반응 사이에는 공간이 있다. 그 공간에는 반응을 선택할 수 있는 자유와 힘이 있다. 마음 챙김을 통해 마음 근육을 꾸준히 단련하면 바로 이 공간이 커진다. 나는 이 공간을 '마음의 시공간'이라 표현하곤 한다. 외부 자극에 어떤 반응을 해야 할지 선택할 수 있는 내 마음의 시공간을 넓히면, 짧은 찰나 내가 어떤 행동을 선택할지 더 나은 결정을 할 수 있게 된다.

"시윤아! 엄마가 몇 번을 더 이야기해야 하는 거야. 유튜브 그만 보세요."

평소 너무나 사랑스러운 아이지만, 바쁜 아침, 말을 듣지 않거나 울면서 떼를 쓸 때 나도 모르게 화가 치밀어 온다. 마음 챙김을 소홀하게 되면 여지없이 바로 큰 소리를 낸다. 때론 아이에게 치민 화가 여과 없이 표현된다. 내면의 분노를 알아차린 나는 말로 내뱉기 전에 심호흡을 세 번 깊게 한다. 약 10초~15초의 짧은 찰나, 내 행동과 말을 선택할 수 있는 틈이 생긴다. "너는 도대체 왜 엄마 말을 안 듣는 거야!"라고 빽 소리를 지르려던 나는 아이에게 상황 설명을 하기로 한다.

"지금 나가지 않으면 늦을 것 같아. 서윤이 오늘 유치원에 일찍 가야 사과 주스도 여유 있게 마시고 친구들과 공연도 보러 갈 수 있을 것 같은데?"

화나는 감정을 먼저 표현하기보다 늦었을 때 아이가 하지 못하는 것에 관해 설명했다. 그러자 아이는 한참 몰입했던 동영상을 끄고 양말을 신으면서 나갈 준비를 한다.

아이는 예상치 못한 순간에 갑자기 울기도 한다. 우는 아이에게 "왜 울어, 뚝 그쳐. 안 그치면 혼난다."라고 반응하면 아이는 더욱더 서럽게 운다. 이럴 때 역시 세 번의 심호흡을 한다. 그리고 아이의 감정에 공감해 주기로 한다.

"서윤이가 많이 속상했구나. 이렇게 우는 걸 보니까 엄마도 속
상하다. 어떤 일이 있었던 거야, 엄마에게 이야기해 줄래? 괜찮
아, 엄마가 늘어 줄게. 슬픈 감정을 여기에 꺼내 보자."

슬픈 감정을 꺼내 들고 있는 것처럼 아이와 두 손을 바라본다.

"엄마, 시나가 나한테 사랑을 준다고 했는데…"

아이는 안정된 마음으로 슬픈 감정을 객관화해서 상황을 이
야기하기 시작한다. 만약 아이에게 바쁘다고 다그치고, 울지 말
라고 화를 냈다면, 참지 못해 내뱉은 말과 감정에 후회되고 괴로
웠을 것이다.

쉽지 않지만 욱하고 올라올 때는 세 번의 심호흡을 주문한다.
괴로운 상태와 평온한 상태는 늘 반복된다. 하지만 지금, 이 순
간의 행복으로 접속할 마음만 먹는다면, 널뛰는 감정을 다스리
며 보다 나은 선택을 결정할 수 있다. 이런 경험이 쌓이면, 확실
히 마음이 평온해지고 나와 타인에게 너그러워진다.

울음을 그친 딸아이와 함께 차 도구를 꺼내어 놀이하듯 차를
마신다. 물의 온도를 낮추어 뜨겁지 않게 준비해 주면, 아이는
스스로 다구를 만지고 차를 우린다. 그 순간 행여 다구를 떨어트

려 깨지지 않을까 걱정이 되기도 한다. 하지만 아이는 나보다 훨씬 더 집중해서 차를 우려낸다. 아이 얼굴에 미소가 가득하다. 좀 전의 속상한 감정은 사라지고 지금 여기 행복에 접속해 평온한 모습이다. 우리가 행복의 기본값으로 돌아온 순간, 감사한 마음이 충만해진다.

　회사에서 차를 마시는 시간은 나를 챙기는 시간이다. 불쑥 막연하게 불안한 마음이 들 때가 있다. 늘 내 존재를 증명하는 곳, 나의 쓸모를 과시하는 곳, 이 치열한 틈바구니에서 스트레스를 받는다. 화가 나지만 표현하기는 더욱 어렵다. 그럴 때는 가만히 차를 우려내어 마신다.

　회사에 간단하게 우릴 수 있는 다구를 두고, 그날의 날씨와 기분에 따라 차를 골라 우려낸다. 잠시 나에게 차를 우리는 시간만큼이라도 쉼을 주는 것이다. 바쁜 마음을 잠시 창가에 널어 둔다고 하면 너무 감상적일까. 창가 옆자리에 앉은 나는 차가 우려지는 시간에 잠시 하늘을 바라본다. 급한 마음에 차를 벌컥벌컥 마시는 자신을 발견할 때는 잠시 컵을 내려놓는다. 눈을 감고 세 번 천천히 심호흡을 한다. 코를 컵 가까이 대고 향을 가득 담아 본다. 따스한 온기와 향이 몸을 감싸 안는 느낌이 들 때 심호흡을 내뱉는다.

"후…."

차의 향이 온몸으로 퍼질 수 있도록 조금은 익살스럽게 손을 살짝 털어 준다. 누군가의 평가로부터 벗어나 일을 주도적으로 하기를 바라본다. 회피하고 싶은 마음을 정면으로 부딪치는 마음의 용기로 바꿔 본다. 누구의 딸, 아내, 엄마가 아닌 '나'라는 존재로 회사에 집중하기를 바란다.

천천히 차를 마신다. 차를 머금은 뒤 심호흡을 하며 지금 내가 이렇게 숨을 쉬고 있다는 단순한 사실을 기억하고 집중한다. 주의를 기울이고 의식을 현재의 순간으로 가져온다. 꾸준하게 마음 근육을 단련하는 습관, 차를 마시는 시간을 통해 아름다운 삶의 찰나를 발견한다.

한 친구가 나에게 맑은 차향이 느껴진다고 했다. 향기로운 사람이 되고 싶고, 향기를 나누는 사람이 되고 싶다. 흔들리고 흔들려도 괜찮다. 나에게는 차가 있으니, 차를 통해 지금 이 순간, 행복으로 접속할 수 있으니 말이다. 주변에 적극적으로 차와 함께하는 삶을 추천하고 싶은 이유이다.

책의 시선: 내면의 사유를 키우는 시·공간

마음을 쉬고 생각하는 힘

늘 손에 책을 쥐고 앉은 자리는 심리적인 안정감을 준다. 나를 위로하고 지켜내는 '마음 둘 곳'이다. 어렸을 때 작은 손에는 늘 책이 있었다. 한 손으로 쥘 수 있는 가벼운 갱지 재질의 책을 특히 좋아했다. 미색의 얇은 종이의 질감과 특유의 책 내음을 맡으면 마음이 편안했다. 어린 나의 마음을 유추해 보면 아마도 책에서 심리적 안정감을 느꼈던 것 같다. 지금도 출장이나 여행을 갈 때면 책 한두 권을 챙겨 간다. 익숙한 표지의 책을 낯선 공간에 꽂아 두면 혼자 있더라도 마음이 한결 편안해진다.

어른이 된 지금은 마음이 힘들거나 고민이 있을 때면 서점을 찾는다. 어떤 의도나 목적 없이 걷는 발걸음이 멈춘 곳, 우연히 펼친 책에서 위로나 영감을 받는다. 서점에 진열된 책 제목을 따라 시선을 건네면 마음속의 고민들이 잠시 고요해진다. 책을 펼쳐 목차를 보다가 마음에 드는 부분이 보이면 가장 안정감이 느껴지는 조용한 장소를 찾는다. 서둘러 찾은 공간에 앉아 책을 펼치는 순간, 잠시 마음을 내려놓는 작은 틈이 생긴다. 펼친 책의 페이지에 마음을 툭 내려놓는다. 책을 읽는 동안 문득문득 신경 쓰이는 일이나 마음을 괴롭히는 생각이 떠오르기도 한다. 그럴 때면 잠시 숨을 '후우…' 하고 깊게 내쉬고 다시 마음을 잡아 읽어 내려간다.

　작가의 노련한 글에 현혹되어 집중할 때면 금방 시간이 흐른다. 아래로 떨군 목이 아프고 어깨가 뻐근하다는 신호를 보낸다. 잠시 목을 오른쪽, 왼쪽 번갈아 돌려 스트레칭을 하면 시원한 느낌이 들고 비로소 몸이 가벼워진다. 잠시 쉬어간 내 마음이 조금은 편안해진다.

　회사에서 보고서를 작성하다가 꽉 막혀 한계에 다다르는 순간이 있다. 그럴 때면 의자에서 엉덩이를 멀리해야 한다. 함께 일하던 동료들과 함께 선릉역의 최인아 책방으로 향했다. 건물 밖을 나서는 순간 공기의 흐름이 바뀐다.

　책방의 다소 묵직한 갈색의 나무 문을 살짝 열고 들어간다.

높은 층고에서 느껴지는 시원함과 서점 내의 은은한 향을 맡으면 나도 모르게 숨을 내뱉게 된다. 온쉼표 4박자 같은 안도의 한숨이다.

최인아 책방은 제일기획의 최초 여성 임원이자 부사장이었던 최인아 대표님과 정치현 님이 2016년 오픈해 8년을 맞이한 공간이다. 이곳에 가면 늘 정독하게 되는 큰 액자 안의 글이 있다.

아는 것이 힘이던 시대로부터 생각이 힘인 시대가 되었습니다.
세상을 바꾸는 아이디어나 새로운 가치 숲은
생각하는 힘으로부터 나오고,
일터에서의 삶은 문제해결의 연속입니다.

우리가 사는 세상도, 지금에서의 방식이 더는 통하지 않는
낯선 곳으로 나아가고 있습니다.
새로운 상상력, 창의력, 혹은 기획력, 문제해결력,
생각하는 힘이 그 어느 때보다 필요합니다.

'최인아 책방'의 액자 글 중에서

생각하는 힘을 얻고 싶은 사람들을 위한 공간, 최인아 책방은 생각의 숲을 모토로 오픈한 책방이다. 답답하고, 무엇인가 쫓기듯 긴장될 때 숨을 쉴 수 있는 공간, 내 마음을 둘 곳이다.

책방에 가면 탐험하듯 주제별로 진열된 책을 살펴본다. 최인아 책방은 책의 진열 방식이 특별하다. 인생에서 겪게 되는 다양한 문제들과 이에 대한 답이 필요한 사람들을 위한 주제로 구성되어 있다.

'불안한 이십 대 시절, 용기와 인사이트를 준 책', '서른 넘어 사춘기를 겪는 방황하는 영혼들에게', '고민이 깊어지는 마흔 살들에게', '돈이 전부가 아니다. 괜찮은 삶을 살고 싶다!', '무슨 책부터 읽어야 할지 고민인 그대에게' 등의 주제로 책이 진열되어 있다. 게다가 서가에는 책과 추천사가 동시에 진열되어 있어 함께 읽는 재미가 있다. 직장인들의 고민은 무엇이고, 어떤 것을 필요로 하는지, 변하지 않는 가치에 관한 질문의 화두를 던지는 책들이 진열되어 있다.

보고서를 작성하다가 답답한 마음이 들 때 최인아 책방에 오는 이유가 무엇일까? 곰곰이 생각해 보니 책방에서 책을 둘러보면 생각이 확장되기 때문이다. 공간에서 느껴지는 안도감으로 꽉 막힌 뇌의 회로가 뚫리는 것 같다. 큐레이션 되어있는 책 제목을 따라 읽다 보면 구하던 답의 힌트를 얻기도 한다.

요즘 사람들이 어떤 상황과 이유로 음식을 먹는지 트렌드 분석을 할 때였다. 분석된 결과를 '배고플 때, 속을 편하게 하고 싶을 때, 다이어트할 때' 등의 익숙한 상황으로만 표현하다가 답답해진 우리는 택시를 타고 최인아 책방으로 향했다. 책장마다 큐레이션 되어 표현된 문장들을 휴대폰 메모장에 훔쳐 적었다. 그리고 각 문장에 음식을 적용시켜 보았다.

　'서른 넘어 방황하는 영혼들의 소울 푸드, 고민이 깊어지는 마흔 살의 요리, 일의 기쁨과 슬픔 디저트, 생각하는 힘을 키워주는 푸드, 침대에서 먹는 음식, 하루를 요모조모 마음껏 요리하는 법, 요리가 아름다운 시간, 맛있는 하루 요리…'

　큐레이션 되어있는 문장의 핵심 단어를 음식과 요리로 바꾸어서 적어봤더니 제법 훌륭한 상황 표현이 완성되었다.

　최인아 책방의 슬로건인 '생각의 숲을 이루다'처럼, 지혜의 숲에서 거닐다 보면 생각이 확장된다. 생각이 막히거나 주변의 말로 삶의 중심이 흔들릴 때, 책방에 앉아 있으면 책들이 나를 위로해 주는 것 같다. '포기하지 말고 문제를 정면으로 받아들여 너의 답으로 풀어 보라'고 말이다. 나에게 책과 책방은 심리적 안정감과 영감을 주는 원천이다.

책으로 사람과 연결되다

　책을 읽다 보면, 저자가 궁금해진다. 혼자 책을 읽으며 저자의 의도를 생각하고 나름대로 해석하는 재미도 있지만, 저자를 만나면 글의 매력이 한층 더해져 생각이 풍부해진다. 나는 저자를 직접 만나 책을 집필한 의도와 생각, 비하인드 스토리 등을 듣는 것을 좋아한다. 마음을 움직이는 책을 만났을 때 작가님을 직접 만날 수 있는 북토크가 있다면 가능한 찾아가는 편이다. 보통 한 시간에서 두어 시간 진행되는 북토크는 짧지만 강렬하다. 책으로 전해지는 느낌뿐만 아니라 작가님을 직접 봤을 때의 느낌, 에너지, 말의 진동이 공명하여 입체적인 경험을 할 수 있다. 북토크가 끝난 후 받는 친필 사인은 놓칠 수 없는 순간이다. 많은 분을 상대하는 작가님은 기억 못 하시겠지만, 책에 저자의 펜촉이 닿는 짧은 순간은 작가와 오롯하게 마주한 시간이기 때문이다. 북토크를 함께하면 그저 이름만 아는 사람에서 친밀한 사람으로 심리적 거리감이 가까워지기도 한다.

"효선 님, 혹시 시간 괜찮으시면 저랑 북토크에 가실래요?"

같은 팀 동료로서 적당한 거리감을 두고 지내던 후배가 있었다. 같이 북토크에 가기로 한 지인이 급하게 처리할 일이 있어 못 가게 된 상황이었다. 혼자 가기는 조금 뻘쭘할 것 같아 고민하던 차, 건너편에 앉아 있는 동료가 눈에 띄었다. 좀 더 깊게 이야기하고 싶기도 하고, 친해지고 싶은 동료였던지라 메신저로 조심스럽게 물어보았다. 거절당하면 어쩌나 하는 걱정을 하는 찰나, 바로 답이 온다.

"너무 좋아요! 초대해 줘서 고마워요."

이날의 북토크는 『좋은 국가란 무엇인가』라는 책이 주인공으로, 어쩌면 거창하고 무겁고 졸릴법한 주제였다. 평소 선뜻 선택할 책이 아닌데 최인아 책방에서 큐레이션 했던 책이기도 하고,

당시 대통령 탄핵이 사회적 이슈가 되었던 때라 시의성도 있었다. 아마도 '대한민국 국민'이라는 정의를 나름 고심했던 마음으로 신청했던 것 같다. 솔직히 고백하건대 저자분께는 너무나 죄송하게도 북토크 내용은 상세하게 기억나지 않는다. 다만 생생하게 남아 있는 일은 그날 함께했던 사람과의 추억이다. 북토크 시작 전 들른 선릉 김밥집, 여유 있게 도착해 책방의 2층에서 인증사진을 찍으며 깔깔깔 웃었던 장면, 북토크 시작 후 서로 마주친 졸린 눈을 발견했을 때의 동질감, 해 저문 저녁, 그날의 감상을 이야기하며 내려왔던 지하철 계단에 울리던 우리의 목소리.

북토크 이후로 우리는 '언니, 동생'으로 부르는 친한 사이가 되었다. 지금은 같은 회사에 있지 않지만, 힘든 일이나 고민거리가 생길 때면 먼저 떠올리고 전화로 상담하는 친구로 지낸다. 그때 용기 내어 '함께 북토크 가지 않을래요?'라고 이야기하지 않았다면 이렇게 가까워질 수 있었을까? 북토크가 엮어준 인연, 역시나 책은 사람을 연결해 주는 좋은 매개체이다.

책, 사람을 담아 사람을 닮다

이른 새벽에 일어나 스탠드를 켜고 앉았다. 휴대폰을 열어 잠시 살펴보는데 낯선 이에게 다이렉트 메시지가 와 있다.

"안녕하세요! 실례를 무릅쓰고 이렇게 메시지 드리게 되었습니다. 『신분세탁』이라는 책을 쓴 황정아 작가의 친구입니다. 정아 누나는 2022년 10월 세상을 떠났습니다. 친구를 기억할 수 있는 수단이 사진들과 이 책 한 권이라고 생각하는데, 어떠한 사연으로 인해 더 이상 책은 제 곁에 없는 상황이고, 수소문을 해 봤지만 책을 다시 구할 수 있는 방법이 없었습니다. 그래서 여기까지 오게 되었습니다. 혹시 실례가 안 된다면 이 책을 저에게 판매해 주실 수 있을지 조심스레 여쭤봅니다."

　그분이 함께 보내준 링크는 세종예술시장 독립 출판 플리마
켓에서 인증샷을 찍었던 인스타그램 게시물이었다. 당시 나는
최인아 책방에서 '독립 출판 북메이킹 클럽'이라는 수업을 들었
다. 8주 동안 독립 출판 책을 직접 기획해서 만드는 수업이었다.
독립 출판 책을 출간한 후 북메이킹 클럽의 1기와 2기의 작가님
중 8명과 플리마켓에 참가하게되었다. '책낼팔자'라는 팀명으로
참여했던 독립 출판 플리마켓 날의 기억을 더듬어 보았다. '황정
아 작가님이 누구셨지? 『신분세탁』은 어떤 책이더라' 고요한 아
침에 심장이 아릿하게 뛰기 시작했다. 당시 사진, 게시글의 기록
들을 읽어보았다. 어렴풋이 기억나는 것 같기도 했다. 작가님과
대화하다가 책을 구입했다면 분명 무엇인가 끌리거나 통했을 텐
데, 급한 마음으로 책을 찾아보았다. 그러나 책은 없었다. 속절
없는 마음처럼 창밖 하늘은 회색이다.

　"안녕하세요, 메시지를 이제야 확인했습니다. 17년도에 뵈었던 작
　가님이었는데, 지금은 세상을 떠났다는 소식을 들으니 마음이 많
　이 아프네요. 누구나 인생이 무한할 수 없지만, 친구분으로써 마
　음이 얼마나 힘드셨을까 헤아릴 수 없는 슬픈 마음입니다. 안타깝

게도 책은 바로 찾을 수는 없었습니다. 겹쳐둔 책 사이에 있을지 책장을 정리하면서 다시 살펴봐야 할 것 같습니다. 책을 찾게 되면 알려드리고 보내드리겠습니다. 부디 좋은 소식으로 다시 연락드릴 수 있기를 바랍니다."

　책은 찾지 못했지만, 기다릴 상대방을 생각하니, 마음이 급해져 출근 준비를 하기 전 메시지를 부랴부랴 보냈다. 하지만 아무리 찾아봐도 책은 보이지 않았다. 몇 주 전에 책장을 정리했었는데 혹시 내가 빼 두었던 것일까? 책 표지가 어렴풋이 기억나는 것을 보니 집 안에는 없어 보였다. 정말 버렸던 것일까? 메시지를 받은 친구분은 친절하게 괜찮다며 친구를 기억해 줘 감사하다고 했다. 출근 준비하는 내내 걱정이 되었다. 한편으로는 일반 서점에 없는 희귀한 독립 출판 책을 섣불리 버렸을 리는 없었을 것이라는 믿음이 나를 달랬다. 생각할수록 눈에 눈물이 고였다. 나이가 젊을 텐데, 작가님은 어쩌다 빨리 세상을 떠나셨을까. 우리의 삶이 무한하지 않다는 것을 깨닫는 찰나였다. 붉어진 눈시울로 출근하는 길 내내 마음이 어느 곳 하나에 머무르지 않았다.

　퇴근길에 작가의 친구에게서 메시지가 추가로 와 있었다. 친구가 세상을 떠난 지 1년이 훌쩍 지났는데도 책의 내용처럼 어딘가 먼 곳에서 여행을 하고 있을 것이라는 생각이 크다고 했다.

이야기를 들어보니 갖고 있던 책은 슬픔에 젖어 한국까지 찾아온 캐나다인 친구에게 주었다고 했다. 친구의 사연을 들으니 책을 찾고 싶은 마음이 더욱 간절해졌다. 여행을 좋아하셨던 작가님은 아마도 우주 어딘가에서 여행을 하고 있지 않을까라는 생각이 들었다.

우리 모두는 사실 어딘가를 여행 중이다. 사랑하는 이를 만날 수 있는 여행과 만날 수 없는 여행이 있을 뿐이다. 순간 어느 공간에서 여행 중이실 돌아가신 아빠 생각을 잠깐 했다. 답변을 보내고 잠시 눈을 감고 생각을 떠올렸다.

어느 기억을 담은 뇌의 작은 창고 틈에서 새어 나오는 빛처럼 어렴풋하게 목소리가 들려왔다. 그날 작가님과의 대화였다. '와~ 혼자 여행을 다녀오셨던 거예요?'라는 부러움으로 톤이 올라간 나의 목소리와 작가님의 미소가 떠올랐다.

다음 날 부산으로 가는 기차를 타야 하는지라 짐을 싸고 늦은 잠을 청하였다. 잠시 눈을 붙이고 일어나 남은 짐을 챙겼다. 머릿속에서는 밀려오기를 반복하는 파도의 끝, 부서지는 하얀 거품 이미지의 책만 떠올랐다. 순간 나도 모르게 가장 낮게 몸을 웅크린 후 고개가 바닥에 닿을 만큼 수그려 책장을 살펴봤다. 책장의 맨 아래 칸에 두 줄로 책을 쌓아둔 곳이었는데 역시 보이지 않았다. 포기하고 고개를 올리는 순간 눈에 띄는 하얀 표지의 자음 네 개, 'ㅅㅂㅅㅌ'. 얼마나 기뻤는지 모른다. 나도 모르게 작은 소리를 지르며 안도의 한숨을 쉬었다. 그래, 희귀한 독립 출판물을 내가 버리지 않았을 거야. 의리까지 느껴졌다. 책 뒤 페이지를 보니, 2017년도 9월 16일 날짜까지 적혀 있는 작가님의 메시지가 적혀 있었다.

"감사합니다! 따뜻한 날만큼이나 하루하루가 따뜻하셨으면 좋겠어요. 우리 존재 파이팅!"

황정아, 17.9.16.

'책을 찾아주셔서 감사합니다'라고 하는 것 같았다. '우리 존재 파이팅'이라는 단어에 시선이 멈추며 눈물이 왈칵 쏟아졌다. 이 단어에서 작가님이 어떤 고민을 했고, 왜 멀리 여행을 다녔을지 순간, 조금 이해가 되었다. 아니, 어쩌면 지금 내가 나의 존재에 대해 고민하고 있어서 그랬던 것일까. 나와 당신의 존재에 대해, 지금은 이 공간에서 함께하고 있지 않지만, 책에 담긴 존재 자체로, '모두에게 파이팅' 하라는 것 같다. 눈물을 닦고 책을 찾았다는 메시지를 보냈다.

하지만 바로 책을 보낼 수가 없었다. 지방에 내려가야 하는 이유도 있었지만, 황정아 작가님의 책을 찬찬히 다시 읽고 싶었다.

충분히 사유하며 읽고 작가님을 기억하고 싶었다.

'인도의 라다크를 좋아했던 작가님'이라고 했다. 그 작가님을 기리기 위해 친구들이 직접 라다크에 가서 사진을 묻어주고 왔다고 한다.

여전히 존재감이 빛나는 작가님을 좀 더 알고 싶었다. 벌써 겨울, 봄, 여름을 지나가고 있지만, 책을 곁에 두고 있다. 올해 겨울을 맞이하기 전에 작가님의 책을 기다리고 있을 그분에게 보내드려야겠다.

책은 우리에게 어떤 의미일까? 책은 단순히 문자와 그림이 엮인 생각과 관념이 담긴 물건이 아니었다. 한 사람의 존재. 책의 의미는 '사람의 존재' 그 자체이다. 사진, 영상보다 더 강력한 기록과 기억의 매개체 말이다. 각자의 삶을 사는 오롯한 작가로 자신의 인생을 책으로 기록하면 어떨지. '지금 내가 쓰는 글이 유한한 삶을 초월해 누군가에게 읽힌다면 참 벅차겠다'라는 생각이 들었다.

누구나 작가가 되려는 세상이다. 아무나 쉽게 책을 출간한다고 우려하는 시선도 있다. 하지만 우리가 각자 인생의 작가로서 내 존재에 대해 남기는 책이라면, 그 책은 판매 부수를 떠나 그 자체로 의미 있는 것이 아닐까. 나를 기억할 수 있는 좋은 기록, 책의 의미가 존재로 다가왔다.

즐거운 수다,
온라인 독서모임

"우리 온라인 독서 모임 할래?"

우리가 늘 하는 그 흔한 카카오톡, 친구들과의 단체 채팅방에 메시지가 떴다. 예전 직장에서 만난 동료들인데 이제는 함께 인생을 응원하며 걸어가는 여유만만 친구들이 되었다. 당시 육아 휴직 중이었던 나는 어딘가에 소속되어 뭔가를 하고 싶다는 생각이 간절했던 터라 바로 '좋다'고 회신했다.

2019년 5월 14일. 그렇게 '툭' 던지듯 온라인 독서 모임이 시작되었다. 모임을 제안한 친구와 나, 회원은 단촐한 두 명이다. 한 달에 책 2권을 읽는 것을 목표로 격주에 한 번씩 만났다. 한

명씩 돌아가면서 책을 선택하고, 책을 선정한 사람이 독서 모임을 할 때 진행을 맡는 규칙을 정했다. 전화로 대화할지, 영상 통화나 줌을 통해 얼굴을 보며 이야기할지 고민하다 카카오톡 채팅방을 선택했다. 온라인 독서 모임을 카카오톡 채팅으로 나누니 대화가 기록되어서 언제든 편하게 다시 볼 수 있다는 장점이 있었다.

독서 모임 진행 시간은 한 시간으로 제한했다. 서로의 안부 묻기는 5분에서 10분 내외로 마무리하고, 바로 본격적으로 토론을 시작하는 규칙을 정했다. 그러나 서로 회사에서 있었던 일이나 상의할 일이 생기면 안부 묻는 시간이 40분, 책 토론이 20분으로 조정되기도 했다. 격주에 한 번으로 독서 모임을 지향하지만, 회사가 바쁘거나 집에 일이 생기면 서로 눈치 주지 않고 가능한 일정을 다시 잡았다. 느리고 천천히 가더라도 백발 할머니가 될 때까지 지속하자는 것이 우리의 느슨한 약속이었다. 나이가 지긋하게 들어서 책을 읽고 토론하는 모습을 상상하면 지금도 미소가 지어진다. 영국 출장길, 어느 카페에서 만난 할머니들의 우아한 티타임 장면이 떠오른다. 지금처럼 정신 없이 바쁜 삶보다 여유롭고 우아한 삶이기를 상상하니, 행복이 몽글몽글 마음에 가득해진다.

온라인 독서 모임에서 우리는 책 중에 의미 있는 구절을 나누기도 하고, 책을 통해 각자의 삶에서 연계된 문제들을 함께 들여다보기도 했다.

손현의 『글쓰기의 쓸모』라는 책을 읽었을 때였다. 둘 다 인상 깊었던 부분은 손현 작가의 할아버지가 돌아가신 후 장례 미사 신청서를 작성하는 장면이었다. 장례 미사 담당 직원이 가족에게 '여기 고인의 간단한 약력이나 특기 사항을 세 줄 정도로 써 주실 수 있을까요?'라고 묻는다. 엄숙한 장례식장이었지만 소위 한량이었던 할아버지를 떠올리면서 가족은 연관된 기억을 풀어 놓기 시작했다. 생각에 잠기며 웃다가 결국 손현의 아버지가 할아버지에 대한 마지막 공식 기록을 적었다.

작가가 조부상을 치르며 얻은 교훈은 '죽은 후에도 글쓰기는 계속된다'는 것이었다. 직접 본인이 쓰지 않더라도 누군가 그 사람을 기리며 인생을 기록한다는 것이다. 바로 이 문장에서 친구와 나는 시선을 멈추었다. '만약 인생을 세 줄로 표현한다면, 우리의 인생을 어떻게 표현할 수 있을까'에 대한 이야기를 나누는 것으로 우리의 독서 토론이 시작되었다.

"영하의 지금까지의 인생을 친구인 제가 세 줄로 말해 보겠습니다. 겉으로 보기엔 그저 선하고 따뜻하지만, 그 속에 깊은 열정을 갖고 있습니다.

차와 명상, 자연과 가족, 글쓰기와 자기 일을 사랑합니다. 나아가고자 하는 바가 뚜렷하며 가끔 비틀거리지만, 한 발짝 한 발짝 꾸준히 나아간답니다.”

친구가 표현해 준 나의 인생 세 줄이 꽤 괜찮다. 인생을 제대로 살아온 사람인 듯한 느낌이다.

“열정적으로 나아가고자 하는 뚜렷한 바를 가끔 비틀거려도 한 발짝 한 발짝 꾸준히 나아갔던 사람. 차, 명상, 자연, 가족, 글쓰기와 자기 일을 사랑했던 사람.”

내가 살아온 시간과 이야기가 오래 남아 타인에게 기억될 수 있다고 생각하니, 하루하루가 기록되는 순간순간에 더욱 진심이어야겠다고 생각했다.

보통 혼자 책을 읽게 되면 읽고 싶은 책, 좋아하는 책만 관심을 갖게 되는 경향이 있다. 하지만 친구와 읽을 책을 번갈아 선택하다 보니 평소 눈여겨보지 않을 책, 끝까지 다 읽지 못하는 책들도 읽는 효과가 있다. 김현경의 『사람, 장소, 환대』, 『정의란 무엇인가』, 한스 로슬링의 『팩트풀니스』와 같은 책이다. 온라인 독서 모임 초기 때는 아이가 잠든 후에만 책을 읽을 수 있었다. 아이가 깨어 있는 낮에도 뭔가 생산적인 것을 함께하고 싶어, 유튜브에서 책과 관련된 강의나 영상을 찾아 티브이에 연결해 둔 뒤 배경음악처럼 틀어 놓기도 했다. 『정의란 무엇인가』를 주제로 할 때는 하버드대 강의 시리즈를 찾아보았다. 학생들이 자유롭게 생각을 꺼내어 거침없이 토론하는 방식이 참신했다. 기회가 된다면 저런 토론식 강의실에서 공부하는 학생이 되면 좋겠다는 상상을 하며 친구와의 독서 모임을 준비했다.

　현재 친구와의 온라인 독서 모임은 쉬는 중이다. 하지만 조급해하지 않는다. 각자의 삶에 작은 여유가 생긴다면 언제든 다시 시작할 수 있으니까 말이다. 무엇인가 반드시 지켜야 한다는 강박이 아니라 서로의 상황을 이해하고, 각자 할 수 있는 기준을 정해 무리하지 않되, 포기하지 않는 것. 이것이 가장 중요하다. 육아로 지쳤을 때, 사람으로부터 상처를 받았을 때, 회사에서 지쳤을 때 '난 오늘 이랬어'라고 이야기를 꺼내어 위로받는 것, 재미있었던 드라마나 영화, 이해 안 되는 사람의 흉보기 등 시시콜콜한 수다를 '독서 대화'라는 그럴 듯한 포장지로 장식했던 온라인 독서 모임이다. 마음이 편한 친구와 함께하는 독서는 나를 지켜내는 좋은 습관이다.

<온라인 독서 모임 도서 Top 30>

『한평생』로베르트 제탈러

『스토너』존 윌리엄스

『흰』한강

『닥터 도티의 삶을 바꾸는 마술가게』제임스 도티

『바람이 불면 바람이 부는 나무가 되지요』문태준

『팩트풀니스』한스 로슬링

『사람, 장소, 환대』김현경

『글자 풍경』유지원

『작별하지 않는다』한강

『당신이 옳다』정혜신

『더 브레인』데이비드 이글먼

『읽고 쓴다는 것, 그 거룩함과 통쾌함에 대하여』고미숙

『나는 정신병에 걸린 뇌 과학자입니다』바버라 립스카

『너의 내면을 검색하라』차드 멩 탄

『자기 돌봄』타라 브랙

『종이 동물원』켄 리우

『아무튼, 메모』정혜윤

『비행운』김애란

『정의란 무엇인가』마이클 샌델

『이상하고 자유로운 할머니가 되고 싶어』 무루

『걸어다니는 어원 사전』 마크 포사이스

『시녀 이야기』 마거릿 애트우드

『물고기는 존재하지 않는다』 룰루 밀러

『멋진 신세계』 올더스 헉슬리

『글쓰기의 쓸모』 손현

『사려 깊은 수다』 박정은

『언더그라운드 레일로드』 콜슨 화이트헤드

『어린이라는 세계』 김소영

『경찰관속으로』 원도

『뉴턴의 아틀리에』 김상욱·유지원

함께하는 독서, 트레바리

돈을 내고 독서 모임을 하는 곳이 있다. 모임에 참석하려면 결제를 해야 한다. 4개월 동안 진행되고, 한 달에 한 번씩 모임에 참석한다. 독서 모임 '트레바리'이다. 하지만 멤버십에 가입했다고 해서 모임에 무조건 참석할 수 있는 건 아니다. 책을 읽고 정해진 마감 기간 내에 400자 이상 분량의 독후감을 제출해야만 비로소 참석할 수 있다. 참석하면서도 스스로 물었다.

'왜 독후감을 써야만 참석할 수 있는 모임에 굳이 내 지갑을 열까? 혼자 읽으면 되지 않을까?'

'세상을 더 지적으로, 사람들을 더 친하게'

늘 나의 지갑을 열게 했던 트레바리의 비전이다.

마감 시간에 쫓겨 독후감을 올릴 때도 있지만, 덕분에 짧게라도 생각을 정리할 수 있다. 모임은 약 3시간이 넘게 진행된다. 3시간의 긴 시간 동안 생각을 나누며 다양한 관점의 지적인 자극을 받는다. 생각이 확장되고 중간중간 아이디어가 떠올라 즐겁다. 읽고 쓰고 대화하며 사람들과 교류하다 보면 편협했던 시각이 넓어지며 일상이 풍요로워진다. 모임에 참석하고 집으로 돌아오는 길은 늘 지적 충만함으로 행복하게 마무리할 수 있었다.

출·퇴근을 반복하다 보면 일에 파묻히기 쉽다. 만나는 사람도 제한적이고 대화의 주제도 비슷하다. 또 같은 회사를 오래 다니게 되면 내가 경험한 것이 정답이고, 내가 있는 곳이 중심이라는 우물 안 생각에 갇히기 쉽다.

나에게 트레바리는 우물 밖으로 나가 다양한 사람의 경험을 만나는 곳이자, 객관적으로 나 자신을 바라볼 수 있게 하는 곳이다.

처음 참석한 트레바리 모임의 주제는 『마인드풀니스』였다. 함께한 사람들의 직업이 무척 다양했다. 직장인, 피아노 전공 교수, 기업 대상 전문 상담가, 동물병원 의사, 패션 스타트업 대표,

대기업 임원 비서, 외국인 한국어 강사, 명상 전공자 등. 이들의 다양한 이야기를 듣는 것도 재미있었다. 『마인드풀니스』책 읽기를 선택한 분들의 공통 관심사가 일상에서의 명상인 만큼 각자의 명상 경험을 나누는 것이 도움이 되었다.

일상에서 쉽게 명상을 할 수 있는 좋은 팁 중에서 바로 실행해 본 것이 '화장실 갈 때 복도 걷기 명상'이다. 이 방법을 알려주신 분은 근무를 하다 지치고 화가 날 때 일부러 자리에서 일어나 화장실 복도를 걷는다고 했다. 걷는 발걸음에만 오롯이 집중하고 나면 마음을 누그러트리는 데 도움이 된다고 한다. 과연 그럴까 싶었는데 잠시 자리에서 일어나 화장실로 향하는 길, 심호흡을 하며 걷는 내내 발걸음에서 느껴지는 발바닥의 느낌이 새로웠다. 짜증 나는 마음을 내려놓아야지, 하고 의식적으로 생각하는 것이 아니라, 발바닥의 감각에 온 신경을 집중하다 보니 진짜 마음이 한결 가벼워졌다. 자리로 돌아와 시원한 물 한 잔을 마시고 나면 좀 더 차분해진 마음으로 해결해야 할 문제를 바라볼 수 있었다.

보통 저녁 7시 40분에서 8시 사이에 모임을 시작하면 끝나는 시간은 밤 11시가 넘는다. 1부, 2부로 나누어 3시간 이상 토론을 하는데, 처음에는 진짜 이 시간을 다 쓸까 싶었지만 늘 시간이 부족했다. 회사에서는 업무를 하달받거나, 상사의 보고서 방향에 대한 피드백을 일방적으로 듣기만 하는 소통에 익숙했다. 그래서 처음에는 트레바리에서 3시간 동안 토론을 한다는 것이 부담스러웠다. 하지만 회차를 거듭하면서 나의 의견을 꺼내는 데 익숙해졌다. '좋은 대화는 잘 설득하는 사람이 아닌 잘 설득당하는 사람이 만듭니다'라는 트레바리 대화의 수칙처럼, 경청해 주는 멤버들 덕분에 더욱 편하게 이야기를 나눌 수 있었다.

모임이 끝나면 간단한 뒤풀이를 하기도 한다. 지금은 없어진 곳이지만 압구정 아지트 지하에는 바가 있었다. 맥주, 칵테일, 차 등 간단한 마실 것과 먹을 것을 반입할 수 있어 음식을 풍성하게 차려 놓고 다시 이야기꽃을 피운다. 멤버들의 말소리가 공간에 진동한다. 함께한 멤버들의 말소리와 숨결이 공기 입자 움직임 속에 기록되는 것 같다. 찰스 배비지라는 연구자가 논문에서 '지구의 공기 자체가 전 인류의 태곳적 행적부터 기록된 거대한 도서관'이라고 했던 말이 생각났다. 다양한 시선이 모인 지혜의 공기를 마시는 느낌, 뇌를 상쾌하게 해 주는 대화의 기쁨이 트레바리 모임에 가입하는 가장 큰 이유인 것 같다.

트레바리는 평소 만나고 싶은 유명한 분들을 직접 만나 대화할 수 있는 매개체가 되기도 한다. 트레바리 문장 클럽은 북스톤

출판사 김은경 편집장님이 클럽장으로 운영하는 모임이었다. 이때 게스트로 초대된 분이 『브랜드로 남는다는 것』의 작가인 홍성태 교수님과 당시 '우아한형제들'에서 브랜드를 총괄하셨던 장인성 상무님이었다. 홍성태 교수님은 독서 모임 멤버들을 위해 한남동에 있는 교수님 작업 공간으로 특별히 초대해 주셨다. 직접 교수님을 만나는 것도 두근거리는 일이었는데, 작업 공간으로 찾아갈 기회라니, 아마 트레바리 모임이 아니었다면 경험하기 어려운 일이었을 것이다.

교수님은 흰 캡모자와 운동화 차림으로 친근하게 멤버들을 반기셨다. '교수님은 엄숙할 것이다'라는 편견이 사라졌다. 한명 한명 자기소개를 진행했다. 경청하면서 멤버들의 특징을 기록하시는 교수님의 모습이 적극적이면서 진심으로 모임에 참석하는 것 같아서 감동적이었다. 김은경 편집장님은 중간중간 적절하게 필요한 질문을 던져 주시고, 교수님은 특강처럼 책의 핵심을 전달해 주셨다. 그러면서 참석한 멤버들에게 질문을 유도하셨다. 참석자 중 한 분의 질문이 나의 궁금증과도 맞닿았다.

"교수님, 브랜딩을 하면서 가장 어려운 것이 전달 메시지의 본질을 잘 응축하는 것인데요. 전달하고 싶은 본질을 어떻게 하나의 표현이나 콘셉트로 뽑을 수 있을까요?"

질문을 받은 교수님은 바로 게임 하나를 해 보자는 제안을 하셨다.

"지금 머릿속에 내가 응축하고 싶은 콘셉트를 생각해 보세요. 브랜드가 떠오르지 않으면 내 이름 석 자도 좋아요. 자, 생각했다면 이제 그 브랜드의 장점이든 단점이든 특징 7개에서 8개, 많으면 12개까지 한번 나열해 보세요."

다들 갑작스러운 실습에 살짝 당황했지만 집중하면서 키워드를 적어갔다.

"작성한 것을 딱 3개로 줄여 보세요. 중요한 것은 빼라는 것이 아니에요. 작성한 키워드를 합해서 새로운 단어로 뽑을 수도 있어요. 계속 줄어가면서 3개로 만들어 보세요. 아까 적은 단어와 같을 수도 있고요, 새로운 단어가 나올 수도 있어요. 그럼, 그 단어를 상징하는 것이 무엇일까, 은유할 수 있는 게 무엇일까 생각해 보는 것이지요. 동물로도 비유해 보고, 추상명사로도 비유해 보고. 그러면 어느 순간 '딱' 하고 콘셉트가 나와요. 만약에 혼자 잘 안 되면 그룹으로 함께 해 보세요."

책에도 설명된 방법이었지만, 교수님이 쏙쏙 핵심만 다시 설명해 주니까 이해가 더 잘 되었다. 인사이트가 반짝이는 밤이라고 해야 할까, 작업 공간에서 바라보는 서울 밤 남산의 풍경이 너무나 아름다웠다. 모임이 끝난 뒤에는 1층에서 전시 중이던 이우환 작가님의 작품을 교수님 설명과 함께 감상할 수 있었다. '마케팅은 예술과 기술이 조화를 이루어야 한다'는 교수님 말씀처럼, 모임의 마무리를 예술작품 감상으로 마무리하니 브랜딩을 제대로 체험한 기분이었다.

"시류를 타는 공부는 씨줄이니까 날줄부터 공부해 보렴."

『브랜드로 남는다는 것』에 나오는 문장이다. 심리학, 사회학, 경제학, 역사학 등 기본적인 날줄을 공부해 두면 씨줄은 언제든지 끼워 넣을 수 있다는 문장에 시선이 한참 머물렀다. 그 문장을 표현한 좋은 어른과 직접 대화하는 시간이 행복했다.

트레바리 독서 모임이 영화의 마지막 장면으로 기억된다. 음악이 흐르고 엔딩 컷이 올라간다. 점점 고요해지는 순간에 타자기 소리만 흐르고 자막에 이런 문구가 나온다.

"빅 브랜드가 되려고 애쓰지 마. 조그맣더라도 너의 발자국이 쉽게 잊히지 않는 브랜드로 남기 마련다."

브랜드로 남는다는 것은 그 누구가 아닌 '자기다움'으로 존재하는 것이다. 누구의 흉내가 아닌 본인 고유성을 잘 알고, 나의 매력에 공감하는 타깃에게 명확하게 인식되고 그들과의 관계를 지속하는 것이다. 마음속에 공명하는 문장이 가슴에 묻히고 책과 사람이 만나는, 빛나는 밤이었다.

문장클럽에서 무라카미 하루키의 『달리기를 말할 때 내가 하고 싶은 이야기』를 함께 읽을 때는 『마케터의 일』의 작가, 장인성 님이 게스트로 오셨다. 평소 달리기를 좋아하셨는데 무라카미 하루키 영향을 많이 받으셨다고 했다. 실제 출장을 갈 때도 꼭 챙겨 가는 것이 러닝화와 이 책이라고 하셨다. 장인성 작가님과 이야기 나누면서 대화 내내 '참 좋은 어른의 모습을 꼽으라면 이분을 이야기해야지'라는 생각을 했다. 참석한 멤버 한 명 한 명이 이야기할 때마다 경청하며 들어주시는 눈빛이 따스하고 빛났다. 배려와 겸손함이 몸에 배어 있었고, 단단한 생각과 논리적인 주장으로 말씀하실 때는 금세 설득당했다.

"감정적인 사람에게 어떻게 대처해야 하나요? 자꾸 대화하다 보면 억울한 생각이 들어요."

장인성 님에게 손을 들고 질문을 하니 아주 심플하게 답변을 해 주신다.

"회사에서는 F를 끄고 T로 대응하세요. 감정을 내려놓아야 합니다. 있는 사실로 대화를 나누세요."

짧은 답변이었지만 어떻게 대화해야 할지 순간 깨달음이 있었다.

장인성 작가님과 대화를 나누면서 내면의 소리가 들렸다. 어떻게든 '달리고 싶은 마음'이었다. '천천히 걸어도 괜찮아, 포기하지 않고 나의 속도로 걷거나 뛰어도 돼'라고 응원해 주었던 향복 님이 이끌던 달팽이 달리기 클럽이 떠올랐다. 여름날, 송골송골 맺히는 땀을 닦아내며 달리던 순간, 시원한 바람을 맞이했을 때의 느낌, 퇴근 후 석양을 맞이하며 달릴 때 바라본 아름다운 구름, 스스로 발을 움직여 달리고 있다는 느낌, 빠르게 느리게 스스로 조절하며 달릴 수 있다는 자기 효능감, 요동치는 심장 박동 소리로 살아 있다는 것을 새삼 느꼈던 순간, 운동화 바닥으로 느껴지는 땅의 감각이 온몸으로 전해지던 그날 밤이 생생하게 떠올랐다. 몸을 일으켜 달리고 싶었다. 지금 나의 지친 삶을, 지친 몸을 일으켜 달리고 싶은 마음이 들었다.

함께 책을 함께 읽으면 편향된 시선과 시각으로 삶을 바라보지 않게 중심을 잡아 준다. 서로의 대화를 통해 생각의 밀도는 깊어진다. 회사에서 업무에 몰입하다 지쳤을 때 잊고 있었던 열정, 열망, 도전이 떠오른다. 삶을 바라보는 관점이 확장된다. 책은 하나의 매개체가 되어 다양한 사람을 만나 배울 수 있다. 함께하는 책 읽기는 나답게 일하고 나답게 살아가는 중심을 잡는 데 도움이 되는 좋은 일상 습관이다.

2장

나의 축을 만들어 가는
일곱 가지 질문

"나는 어떻게 살고 싶은가"

—

"지금 행복에 접속하고 있는가"

—

"지금 어떤 태도로 일을 하고 있는가"

—

"공간에 삶의 가치가 담겨 있는가"

—

"추상이 아닌 구체로 삶이 기획되는가"

—

"삶에 커뮤니티가 있는가"

—

"기울지 않는 마음으로 살아가는가"

"나는 어떻게 살고 싶은가"

'지금 나는 잘 살고 있는 것일까? 내가 진정으로 하고 싶은 일은 무엇일까? 나로 산다는 것은 무엇일까? 나는 어떻게 살고 싶은 것일까?'

늘 마음속 한편에 자리 잡고 불쑥불쑥 떠오르는 질문이다. 하지만 쉽사리 답을 할 수 없었다. 헤르만 헤세는 '알은 세계이다. 태어나려는 자는 하나의 세계를 깨뜨려야 한다.'고 했다. 나는 어떤 알을 품고 있을까, 스스로 알을 깨트리고 세상에 나올 수 있을까. 늘 고민만 하는 나에게 영감을 준 책과 사람이 있다. 바로 『노마드인터뷰』라는 책과 '서범상'이라는 사람이다. 그는 알을 깨고, 스스로 삶의 의미를 증명하며 살아가는 사람이다. 알면 알수록 이름과 달리 범상치 않은 사람, '다정한 똘끼가 있는 사람'이라는 표현이 어울린다.

작은 것이 아름답다, 서범상

서범상님은 노마드 인터뷰어이자 기획자이다. 그는 세계 곳곳을 다니면서 지금 우리에게 필요한 가치, 철학, 비즈니스를 알려줄 수 있는 사람을 섭외하고 인터뷰한다. 인터뷰를 통해 얻게 된 지혜는 독창적인 스타일의 책으로 만들어진다. 그를 처음 만난 것은 최인아 책방에서 독립 출판 과정을 배우며 직접 출간해 보는 북메이킹 클래스에서였다.

살랑살랑 봄바람이 일렁이는 4월의 주말, 북메이킹 수업의 첫날이었다. 수업 시간보다 조금 빨리 도착한 공간에는 열댓 명은 넉넉히 앉을 수 있는 큰 테이블이 놓여 있었다. 왼쪽에 앉을까 오른쪽에 앉을까 고민하는 찰나, 초록 나뭇잎 화분이 놓여 있는 창문에 춤을 추듯 움직이는 커튼 자락이 손짓한다. '저 창을 바라보면 좋겠다'는 생각에 창가를 마주한 앞쪽 자리에 짐을 올려두고 주변을 찬찬히 살펴보았다. 낯선 공간이 조금 익숙해지자 들어올 때 보이지 않았던 여행용 캐리어가 보인다. 들어오는 입구에 애매하게 자리를 차지하고 있는 캐리어가 참으로 이상했다. 한두 명씩 사람들이 들어 온다. 기대감과 어색함 사이에서 수업이 시작되었다.

선생님은 자그마한 체구였는데 하얀 얼굴과 동그란 뿔테 안경 너머로 눈빛이 반짝이는 분이었다.

"여러분~ 안녕하세요, 서범상입니다."

미세하게 떨리는 목소리였지만 다정함과 단단함이 공존하는 톤이었다.

"오늘 여러분들은 북메이킹 클럽으로 향하는 여행을 떠나게 됩니다. 첫 시간에는 제가 왜 『노마드 인터뷰』라는 책을 내게 되었는지, 제가 유럽에서 만났던 작은 가게의 주인이었던 소상공인과 함께 알려드릴게요. 저 캐리어에는 그때 만났던 분들과의 추억이 담긴 물건들이 있습니다. 하나씩 소개해 드릴게요."

그가 이야기를 시작하자 다른 세계로 이동하는 기분이었다.

노트북과 연결된 티브이 화면에는 공항에서 볼 수 있는 전광판이 움직였다. 그는 항공권을 하나씩 나누어 주었다.

"자, 이제 여러분들과의 여정이 시작됩니다."

그는 캐리어에서 다양한 물건들을 꺼냈다. 베를린에서 작은 찻집을 운영하는 티 메이커 마누의 레몬그라스 티, 향수 디자이너 주세페와 페데리카의 가장 개인적인 향수, 장인 히샴의 가죽 수제화 등 다양했다. 그가 꺼낸 것은 단순한 물건이 아니었다. 장인들이 핸드메이드로 만든 물건에는 지극히 개인적이면서 단단한 그들만의 삶의 철학과 감각이 담겨 있었다.

"저는 늘 불안했어요. 어렸을 때 잠이 들어 눈을 감으면 이대로 죽는 것이 아닐까, 하는 생각을 자주 했어요. 죽음이라는 것이 두렵기 때문이었죠. 어른이 된 후 건설팅 회사에 입사했어요. 입사 3년 차, 승진을 앞둔 시기였지요. 그때 저는 앞으로 어떻게 살아야 하나, 라는 질문을 늘상 떠올렸습니다."

그의 이야기 하나하나에 집중했다. 나와 비슷한 고민을 했던 그는 어떤 여정을 떠났던 것일까? 당시 29살이었던 그는 지금의 삶이 자신이 원하는 삶이 아니라는 생각을 했다. 지구 반대편의 낯선 공간에 자신을 던져보기로 하고 과감히 사표를 낸 뒤 유럽으로 향했다. 독일 베를린에서 이탈리아 피렌체까지 약 열 달 동안 살면서 골목 골목의 작은 상점을 찾았다. 처음엔 상점을 둘러보기만 하다가 용기를 내어 상점의 주인에게 질문을 시작했다. 바로 '노마드인터뷰의 시작'이었다. 그는 저만의 방식으로 세상에 질문을 던지며 살아가는 사람들을 만나 인터뷰를 했다. 무엇이 그들을 움직이고 어떻게 자신의 길을 걸어갈 수 있는지 묻고 답을 갈구했다.

그는 베를린의 한 호텔 간판에 "Small is beautiful"이라고 적힌 글귀에서 로컬로 회귀하는 트렌드를 발견한다.

"작은 것이 아름답다."

독일의 경제학자이자 『작은 것이 아름답다　　　　　』의 저자 E.F 슈마허는 서구 세계의 경제 구조에서 인간이 행복을 위해 스스로 조절하고 통제할 수 있는 규모를 가질 때, 비로소 자연환경과 인간의 행복이 공존하는 경제 구조를 확보할 수 있다고 말했다. '로컬'은 브랜드 존재 자체였다. 작지만 개성 있는 다양한 사람의 손맛과 그 지역의 멋을 바탕으로 물건에 자신만의 생각과 진정성 있는 스타일을 담았다. 즉, 단순하게 물건을 판매하는 것이 아닌 로컬 문화와 장인의 이야기를 파는 것이었다. 사람의 감정을 어루만지는, 작지만 사려 깊은 터치가 담긴 물건. 그 물건에 담긴 진정성 있는 스토리에 사람들은 감동한다.

서범상 님이 캐리어에서 꺼내 보여주는 물건에서 작은 상점이지만 장인들의 '결'과 아름다운 '존재감'이 느껴졌다. 레몬그라스 티에는 단정하고 깔끔한, 건강하고 맛있는 차를 만들기 위해 지켜나가는 장인의 진정성이 담겨 있었다. 노트에 살짝 뿌려서 맡은 향수에서는 낯설지만, 희망과 절망이 교차하는 순수하고 열정적인 잔향이 깊게 기억 속에 각인되었다. 묵직한 가죽 수제화에서는 반듯하고 우직한 한땀 한땀의 바느질이 느껴졌다. 손으로 만진 가죽 수제화는 사려 깊은 장인의 손길같이 따스했다.

그들은 남들이 알아주지 않아도 자신이 좋아하는 것을 만들거나 수집하고, 손님과 나누는 것에 기뻐하며 반짝이는 하루를 사는 사람이라는 것을 깨닫게 되었다. 어쩌면 이러한 작은 상점의 주인들이야말로 '안분지족'이라는 말을 현대적으로 잘 이해하고 실천하는 사람이지 않을까? 여기서 '안분지족'이란 희망과 욕망이 없는 무기력함이 아니라 자신이 누구인지를 잘 알고, 주어진 크기에 그를 통해 안분지족의 의미를 생각하게 되었다. 내가 누구인지 먼저 아는 것, 나의 성향과 취향을 제대로 알아 자기답게 살아가는 것이 바로 '자기실현'인 것이다.

자기실현을 하기 위해서는, 스스로의 성향과 취향을 잘 아는 것이 우선이다. 제대로 알기 위해서는 해 봐야 한다. 추상적으로 생각만 하고 고민하는 것은 '어떤 삶을 선택하여 살고 싶은가' 라는 질문의 답을 찾을 수 없다. 내가 하고 싶고 좋아한다고 생각하는 것을 시도해 보는 것이 가장 중요하다. 이를 위해 내면의 소리에 먼저 귀를 기울여야 한다. 정말로 마음 깊은 곳에서 우러나는 소리가 들린다면, 설사 온 세상이 이해하지 못한다 해도 스스로 내 편이 되어 자기답게 살기를 선택하는 용기를 낼 수 있다. 하고 싶은 일에 헌신하는 것, '나'라는 존재로서의 삶을 살아가는 것, 내면이 나에게 이야기하는 것에 보다 귀를 기울이게 되었다.

서범상 님의 '노마드 인터뷰 시리즈'는 계속되었다. 2편 wacky (남다른 창의력을 발산하는 괴짜들), 3편 Future mind(미래의 마음), 4편 Future mindset(미래의 마음가짐)까지. 그는 유목민처럼 어디에도 머물지 않고 자유롭게 움직였다. 인터뷰 대상자를 직접 만나기 위해 해외에 거주하며 인터뷰 과정을 집필하였다. 그렇게 원고가 완성되면 한국으로 돌아와 책을 출간하였다. 그의 책은 국내에는 최인아 책방에만 입고되어 있고, 일본 츠타야 서점을 비롯한 토론토, 뉴욕, 샌프란시스코, 런던, 파리, 함부르크 등 전 세계 서점에도 입고되어 있다. 이 모든 과정을 서범상 님이 직접 하는데, 그중 가장 놀라웠던 것은 그와 인터뷰를 진행했던 유명 인사들이었다. 세계적 광고 대행사인 드로가5의 데이비드 드로가 의장, 에스티 로더 그룹 사장 존 뎀시, 비메오 창립자 벤처기업 CEO 자크 클라인,『닥터 도티의 삶을 바꾸는 마술 가게』의 저자 제임스 도티, OpenAI CEO 샘 알트만, 구글 최고 혁신 전도사 프레데릭 페르트 등. 그는 어떻게 이런 엄청난 유명 인사들을 섭외할 수 있었을까?

서범상 님의 대답은 간결했다.

"진정성이죠. 진심으로 성의를 보이고 인내심을 갖고 기다려요. 인터뷰 대상자가 진심이 담긴 질문에 대답할 수 있는 환경을 만들려고 합니다."

노마드인터뷰 4편의 인터뷰 대상자였던 샘 알트만의 경우, 무려 4년 만에 성사된 인터뷰였다. 왜 당신을 만나고 싶은지, 서범상이라는 사람은 누구인지, 인터뷰가 사람들에게 어떤 도움이 될지 상세하게 정리해서 이메일을 보내고, 만약 답변이 없으면 회사에 찾아가서 방문했다는 흔적을 남기기도 했다.

섭외에 성공한 뒤에는 정성을 다해 인터뷰 대상자에 관한 자료를 찾아 면면을 파악했다. 샘 알트만을 인터뷰할 때도 사전 조사를 철저히 했다. 그와 관련된 뉴스 기사, 신문 인터뷰, 논문, 팟캐스트를 모두 찾아본 후 인터뷰의 틀을 잡았다. 정부, 기업, 개인으로 구획을 나누어 30개의 질문을 뽑았다. 그리고 인터뷰를 하기 전, 이 질문들을 자다 일어나도 바로 말할 수 있게, 꿈속에서도 생각이 날 정도로 반복해서 외웠다고 한다. 진정성으로 인터뷰 대상자의 '마음을 흔드는 질문'을 준비하고 두려움을 무릅쓰고 도전하는 것이 그의 성공적인 인터뷰의 비결이었다.

'노마드트리' 프로젝트

    서범상 님의 『노마드인터뷰』가 나오기까지의 과정을 듣다 보니, 혼자 끙끙거리며 고민만 하지 말고 행동해 보고 싶다는 용기가 생기기 시작했다. 어떻게 살아가야 할지 고민이 되지만 무엇부터 해야 할지 모른다면, 그 고민을 해결하고 실행하고 있는 멘토들을 찾아 질문을 시작해야겠다는 생각이 들었다. 무엇인가 해 보고 싶고, 만들고 싶다는 내 안의 욕망이 꿈틀거렸다. 회사, 직장이라는 테두리에서 관점을 넓혀 인생의 지혜를 나눌 수 있는 사람들을 만나고 연결해 보면 어떨까?

    '시작해도 될까? 근데 생각만 하면 시간만 가더라. 그렇지! 그

일요일 아침, 아무것도 아닌, 아무것도 없는 무의 상태이지만 할까 말까 재어보지 않고 내 안의 욕망을 밖으로 꺼내 보았다. 내가 가지고 있는 질문에 답을 줄 수 있는 멘토를 찾아 장소와 시간을 마련하고 지인들을 초대하자 싶었다. 제약 없이 유목민처럼 떠다니며 나를 찾고, 노마드처럼 유연하게 지혜를 구하고 나누고 싶었다. 사람들을 만나고 연결하는 매개체는 '차'였으면 했다. 그렇게 해서 '차'라는 주제를 중심으로 유목민처럼 지혜를 구하는 커뮤니티, '노마드티'가 만들어졌다. 생각나는 대로 끄적이며 무엇인가를 하겠다는 공표 2주 후, 노마드티 첫 번째 프로젝트를 실행하였다.

첫 번째 초대 멘토는 이 프로젝트를 시작할 수 있도록 영감과 용기를 주었던 서범상 님으로 정하였다. 프로젝트 기획은 늘 출근하는 전철 안에서 진행되었다. 모임 장소를 검색하고, 일정이 가능한지 공간을 운영하는 사람에게 메시지를 보내 두었다. 프로그램 진행 순서와 내용을 메모장에 작성해 두고, 퇴근길에는 스마트폰 앱을 활용해서 프로그램 공지 포스터를 만들고 SNS에 올려 지인들에게 공지하였다. 첫 모임의 신청자는 약 14명, 미리 초대하고 싶은 지인들에게는 사전에 연락해 둔 터라 신청자가 많았다. 첫 번째 모임은 성공적으로 마쳤다. 예정된 시간은 3시간이었지만, 6시간 넘게 우리는 대화를 나누며 지혜를 얻었다.

출퇴근 시간, 피곤함으로 지친 몸을 겨우 이동하는, 의미 없이 소모하던 이 시간이 쓸모 있는 시간으로 바뀌는 순간이었다. 어제와 오늘과 내일이 늘 비슷한 평범한 직장인에서 일상을 기획하는 삶의 기획자Life Creator라고 스스로에게 의미를 부여하는 순간이기도 했다. 일상에 스토리를 더하는 취미생활로 시작한 노마드티는 내면에서 들려오는 질문에 답을 찾기 위한 여정의 출발이었다.

"좀 더 행복해지고 싶었습니다. 진정한 위로는 서로의 지혜를 나눠 갖는 순간 발생한다고 『사생활의 천재들』을 쓴 정혜윤 작가가 이야기합니다. 나누고 싶습니다. 연결하고 싶습니다. 나를, 우리를. 일상이 연결되어 미래에 빛나는 별을 상상합니다. 가장 아름다운 날을 기다리지 않을 것입니다. 아름다운 날을, 순간을 살아갈 것입니다."

첫 번째 모임을 시작으로 노마드티 모임은 조금씩 발전해 나갔다.

"범상 님, 석 달만 같이 저희 팀에서 일하면 안 될까요?"

저녁 8시가 넘은 시각, 나는 범상 님에게 전화를 걸어 업무를 제의했다. 당시 코로나19 이후 새로운 기회 영역을 발굴하는 프로젝트를 준비하고 있었다. 새로운 제품 기회를 발굴하기 위해서는 우선 트렌드를 파악하고 타깃 시장, 소비자를 이해해야 했다. 이를 위해 다양한 분야의 전문가와 소비자들의 인터뷰를 해야 했는데 보통 인터뷰를 하게 되면 전 과정을 녹취한 음성을 글로 옮긴 스크립트를 받는다. 이는 인터뷰의 핵심 내용을 정리할 때 참고 자료로 쓰거나, 인터뷰 전 과정이 궁금한 경우 읽게 되는데, 보통은 노트북에 고요하게 잠들어 있다. 늘 이 점이 아쉬웠다. 인터뷰 전문에 있는 전문가와 소비자들의 생생한 인사이트를 꺼내어 공유하고 싶었다. 날 것, 살아 있는 문장으로 보는 것이 마케터, 연구소, 영업 현장에 있는 구성원들에게 훨씬 좋을 것이라는 생각을 하다 보니 서범상 님의 노마드인터뷰가 떠올랐다.

'좋아, 이번 프로젝트는 인터뷰한 내용도 보고서로 함께 만들

어 보자. 인터뷰집은 PPT로 만들지 말고 평소 만들고 싶었던 매거
진F 형태로 내봐야지.'

내면에서 즐거움의 북소리가 들렸다. 개인적으로 좋아하는
일과 회사에서 하는 일이 교집합될 때 들리는 나만이 자각할 수
있는 리듬의 북소리였다.

다행이라 할 수 있을까, 마침 코로나 때문에 범상 님은 한국에
머물러 있던 터라 노마드인터뷰를 잠시 쉬고 있었다. 매거진 콘
셉트와 방향을 논의해 보니, 아무리 생각해도 범상 님의 노마드
인터뷰의 주제였던 'Future Mind'라는 제목이 어울렸다. 매거진
이름으로 사용해도 될지 고민하는 나에게 범상 님은 흔쾌히 '물
론이죠!'라는 시원한 대답을 해 주었다.

프로젝트에서 서범상 님의 역할은 인터뷰와 영상을 기록하는
것이었는데, 내부 미팅, 워크숍 모든 과정을 함께하면서 아이디
어, 의견을 보태주었다. 범상 님과 일을 하면서 보이지 않는 디
테일까지 챙기는 업무의 태도를 배울 수 있었다. 이 프로젝트를
성공적으로 마친 후, 다른 프로젝트도 함께 진행하였다. 세 번째
프로젝트도 함께하고 싶었지만, 범상 님은 홀연히 다시 노마드
인터뷰를 위해 미국으로 향했다.

'나는 어떻게 살고 싶은가'

나는 어떻게 살고 싶은가 고민이 될 때, 우선 나의 성향과 취향을 발견해야 한다. 중요한 것은 해 보는 것이다. 나에게 질문을 던지고 행동에 마음을 다해야 한다. 막연하게 생각했던 미래의 방향이 보인다면, 앞으로 걸어갈 용기를 내어 바로 시작해 보아야 한다. 남들이 알아주지 않아도 내가 좋아하는 것에 귀를 기울이고, 행동하고, 나누고, 기뻐하며 살아가야 한다.

서범상 님 덕분에 시작하게 된 노마드티는 회사 일과 육아를 하는 상황에 맞춰 느슨하게 천천히 가고 있다. 삶의 동기와 영감을 주는 내 삶의 기획자로서 계속해서 스스로에게 질문을 던지고 행동해 나갈 것이다. '어떡하지'라는 막연한 걱정을 마음에 두고, 이불 속에서 고민하는 나를 발견하면 주저 없이 말해 줄 것이다.

'생각만 하지 말고 바로 지금 떠오르는 것을 실행하라'고 말이다. 서범상 님처럼 삶의 동기와 영감이 필요할 때 찾아가 고요하게 머물고 싶은 영감의 아틀리에 같은 사람이 되고 싶다.

"지금 행복에 접속하고 있는가"

　　직장인이면 한 번쯤은 했을 질문, '회사에서 행복하게 일할 수
없을까?'는 늘 고민하는 화두였다. 이 질문에 대한 구체적인 방
안을 찾게 된 것은 구글 명상 프로그램인 '너의 내면을 검색하
라'는 마음 챙김 명상을 알게 되면서였다. 이 프로그램은 구글
엔지니어였던 차드 멩 탄이 만들었는데 한국에 소개한 분은 유
정은 대표였다. 사실 나에게 명상은 다소 신비주의적이고 종교
와 관련된 수행으로만 생각되어서 다가가기가 쉽지 않았다. 하
지만 차드 멩 탄이 만든 구글 명상프로그램 '마음 챙김'을 경험
하면서 '명상'이 과학적이고 실용적인 마음 훈련법이라는 것을
알게 되었다. 명상은 점차 일상과 회사에서 나의 중심을 지탱하
는 좋은 도구가 되어 가고 있다.

'정말 유쾌한 친구'

차드 멩 탄이 자신의 명함에 작성한 타이틀이다. 괴짜 같은 면이 있는 차드 멩 탄은 구글 직원 번호 107번 엔지니어이다. 그는 구글의 초창기 구성원으로 엔지니어링 분야에서 성공적인 경험을 쌓아오던 중 명상에 눈을 뜨게 된다.

'만약 사람들이 자기 일과 삶에서 성공을 위한 도구로 명상을 이용하면 어떻게 될까? 명상이 인간의 삶과 비즈니스에 유익하게 활용될 수 있다면 어떤 변화가 일어날까?'

차드 멩 탄이 던졌던 물음이다.

구글에는 직원들의 혁신을 장려하기 위해 자기 시간의 20퍼센트를 핵심 업무 외의 프로젝트에 쓰도록 한 제도가 있다. 차드 멩 탄은 바로 이 제도를 통해 내면 검색 프로그램을 개발했다. 세계적으로 유명한 스탠퍼드 대학 신경과학자, 감성 지능의 창시자 대니얼 골먼 등의 심리학자와 선사들을 불러 모아 마음 챙김 명상에 기반한 리더십 교육 프로그램 '내면 검색'을 만든 것이다. 이후 구글 직원들을 대상으로 7주간 프로그램 교육이 진행되었는데 수업을 들은 대부분의 직원이 인간관계와 리더십 능력이 향상되는 긍정적인 변화를 겪었다. 이전보다 감정 조절이 쉬워지고 마음이 편해지며, 자신감이 높아졌다는 직원들의 피드백이 많았다고 한다.

프로그램이 시작된 2007년 이후로 구글에서는 5,000명이 넘는 엔지니어들과 관리자들이 교육을 받았고, 지금도 대기자 명단이 가장 긴, 인기 많은 사내 프로그램이다. 차드 멩 탄은 이후 엔지니어 부서에서 인적자원 부서로 이동하여 내면 검색 프로그램과 개인 성장 프로그램을 관리하는 엔지니어가 되었다. 구글 마음 챙김 리더십 프로그램 효과가 알려지면서 다른 기업들에서도 요청이 오자, 멩은 비영리조직 교육 단체 '내면 검색 리더십 연구소'를 설립하였다.

이 프로그램을 한국에 소개한 유정은 대표는 현재 '한국 내면 검색연구소' 대표이면서, 국내 최초의 마음 챙김 명상 앱 '마보'를 만들었다. 그녀는 어릴 때부터 사람의 행복에 관심이 많았고, 특히 인생의 대부분을 보내는 회사에서 '왜 사람들이 행복하지 않을까' 궁금했다. 이후 그녀는 심리학을 전공해 영국에서 관련 공부를 한 뒤, 한국 기업의 조직문화, 인사, 교육 제도를 컨설팅하는 일을 했다. 하지만 경력이 쌓일수록, 조직이 변하려면 구조나 시스템보다 사람이 먼저 바뀌어야 한다는 생각이 들었다고 한다. 우연히 구글 출신 엔지니어 차드 멩 탄의 책을 읽게 된 그녀는, 명상이 일상생활에서 사람들이 더 행복해질 수 있도록 뇌를 훈련하는 연습이라는 것을 알게 된다.

차드 멩 탄과 유정은 대표는 어떻게 만나게 되었을까? 마음이 복잡할 때 늘 서점을 찾았던 유정은 대표는 마음이 힘든 어느 날 광화문 교보문고로 향했다. 그녀는 우연히 『너의 내면을 검색하라』는 책을 펼쳐 읽게 된다. 집으로 돌아와 밤새 책을 읽고 맞이한 아침, 그녀는 차드 멩 탄의 이메일 주소를 찾아 바로 메일을 보낸다. '늘 행복도 하위를 기록하고 자살률이 높기로 유명한 한국 직장인들을 위해 차드 멩 탄의 프로그램을 꼭 한국에 들여오고 싶다'라는 내용이었다.

보통 차드 멩 탄의 메일은 비서가 읽고 처리하는데, 잠시 시간이 났던 차드 멩 탄은 우연히 유정은 대표가 보낸 이메일을 열어 보게 된다. 차드 멩 탄은 바로 답신을 한다. '제가 무엇을 도와드릴까요? 프로그램에 관심이 있다면 샌프란시스코로 와서 뵙지요'라는 내용이었다. 답장을 받고 3개월 후, 유정은 대표는 구글 본사의 카페테리아에서 차드 멩 탄과 만나게 된다. 이를 계기로 그녀는 '너의 내면을 검색하라'는 프로그램을 멩으로부터 배우고 한국에 알리게 되었다. 그리고 2015년 7월부터 구글캠퍼스 서울에서 '지퍼즈 서울   '이라는 명상하는 창업가들의 모임을 만들었다. 그 모임에 참가했던 한 엔지니어가 혼자서도 어디서나 명상을 할 수 있도록 그녀의 목소리를 녹음해 달라고 요청했다. 이를 계기로 유정은 대표는 국내 최초 명상 앱 '마보'를 만들게 되었다.

'일상과 일에서의 행복'이라는 공통된 화두로 차드 멩 탄과 유정은 대표가 연결된 것이 우연 같지만, 이는 사실 필연의 만남이었다. 필연을 만든 것은 생각을 꺼내어 실행했기 때문이다.

내가 유정은 대표를 처음 만난 것은 '지퍼즈 서울   모임'에 참석하면서부터였다. 지퍼즈 모임은 회차마다 누구나 신청하고 참여할 수 있기 때문에 모임 시작 시 처음 오는 분들을 위해 늘 '지퍼즈 모임이 어떻게 만들어졌는지'부터 설명한다. 그래서 나는 차드 멩 탄과 유정은 대표의 만남, 명상 앱을 만들게 된 이야기를 여러 번 들었다. 들을 때마다 늘 내면의 북소리가 울렸다. 언젠가 나도 차드 멩 탄처럼 조직에서 함께 일하는 동료들이 행복할 수 있도록 마음 챙김 명상 리더십 프로그램을 도입해 보고 싶다고 소망했다.

팀에서 명상 리더십 프로그램을 경험해 보면 좋겠다는 생각을 하던 중, 마침 팀 워크숍을 기획할 일이 생겼다. '명상 프로그램'을 하자고 하면 괜스레 이상하게 보지 않을까 걱정이 되었지만, 일단 팀장님에게 조심스럽게 오전 프로그램에 넣어보면 어떨지 제안했다. 다행히 팀장님은 새로운 접근이라며 바로 오케이 사인을 주었다. 유정은 대표님에게도 넉넉하지 않은 예산 내에서 강의 요청을 드렸는데 흔쾌히 도움을 주신다고 하셨다. 딱딱한 회의실보다 좀 더 말랑한 공간이면 좋겠다는 생각에 당시 경리단길에 있었던 '인생 학교'를 워크숍 장소로 대관하고 전체 워크숍 프로그램을 기획했다.

워크숍 날이 되었다. 인생 학교 실외 정원에 곧게 서 있는 아름드리나무의 초록 나뭇잎 사이로 일렁이는 햇빛이 아름다운 아침이었다. 낯선 공간에서 설레는 마음으로 시작된 워크숍, 유정은 대표는 회사 프로그램에 맞춰 마음 챙김 명상에 대한 설명과 과학적으로 입증된 명상할 때의 뇌의 변화 등에 대한 이론 배경을 이야기해 주셨다. 그리고 호흡명상을 통한 '알아차림, 생각의 강에서 잠시 빠져나와 바라보기, 생각에 끌려갈 것인지 아닐지 선택하기' 등 직접 명상을 실습할 수 있게 가이드해 주셨다.

워크숍 시작 전 창밖의 나뭇잎 사이로 비추었던 햇빛의 반짝
임이 연상되었다. 평소에는 자각하지 않는 호흡을 의식해 살아

있음을 알아차리는 순간, 숨을 쉬고 있다는 사실에 새삼 감사한 마음이 들었다. 나도 모르게 눈물이 살짝 고였다. 이렇게 느껴지는 감정이 낯설고 창피한 생각이 들었다. 눈을 살짝 떠 보았다. 동료들이 저마다 집중하는 모습이 보인다. 평소 일로 엮이다 보면 짜증 나기도 하고, 서운하기도 하고, 보이지 않는 경쟁으로 왠지 모를 거리감도 느껴지는 회사 사람들이다. 함께 일하는 동료들에게 연민의 마음이 생겼다. 그동안 서운했던 감정들이나 시시콜콜 가졌던 생각들이 별것 아닌, 지나간 것으로 생각하니 서로의 과거에 얽매이지 않게 되었다. 상대에게 가졌던 안 좋은 감정들이 사라지는 것 같다. 물 위에 글씨를 쓴다면 이런 느낌일까, 부정적인 감정들은 사라지고 서로 따스하게 바라보는 긍정적인 에너지가 우리를 감싸는 듯했다. 평소에는 이야기하기 어려웠던 각자 삶에서의 고민도 나누고, 업무를 진행하면서 힘들었던 점들도 솔직히 주고받았다. 명상을 해서 그럴까, 어느 워크숍보다 진솔한 이야기가 오가고, 따스하게 서로를 보듬어 위로해 주는 순간이었다. 지금도 그때 함께 일했던 동료들을 만나면 더욱 반갑고 따스하다.

이를 계기로 명상에 많은 관심을 두게 된 나는 일상 속 마음챙김을 조금이라도 실천해 보려 했다. 불안하고 초조한 마음으로 스트레스를 받을 때, 출근하기 싫고 누군가 밉다는 마음이 올라올 때, 지하철에서 만난 불쾌한 사람으로 얼굴이 붉어질 때 잠시 이어폰을 끼고 마보 앱에 있는 프로그램을 들으며 호흡명상을 했다. 들숨, 날숨을 의식하면서 분주한 마음을 살펴본다. 마치 흙탕물을 가만히 두면 서서히 먼지들이 가라앉고 끝내 맑은 물이 되는 것처럼, 내 마음에 시선을 두고 다시 숨을 크게 들이마시고 내쉬고를 반복하다 보면 점차 마음이 안정되었다.

당신은 괜찮나요?

"너무 오랜만이에요, 영하 님. 아이 너무 귀엽더라, 그새 또 많이 컸지요?"

반갑게 인사하며 나를 안아 주는 유정은 대표, 임신과 출산을 하게 된 터라 오랜만에 만난 자리였다. 이날은 차드 멩 탄이 만든 내면 검색 프로그램의 교육이 있었다. 특히 내면 검색연구소 대표인 리치 페르난데즈가 한국에 직접 방문해서 교육해 주는 귀한 기회였다. 육아휴직 중이었지만 프로그램을 제대로 배울 좋은 시간이라는 생각에 거금의 비용을 망설임 없이 결제하고 기다렸다. 아직 태어난 지 10개월밖에 되지 않고 낯을 한참 가리는 아이를 친정엄마에게 부탁하고 집을 나섰다. 친정엄마와 아이에게 미안한 마음과 오롯한 나로 존재하는 행복한 마음이 교차하는 복잡한 상태로 유정은 대표와 인사를 나누었다.

그녀는 온화하고 다정한 눈으로 그윽하게 바라보며 나에게 물었다.

"혹시 남편 괜찮아요?"

어떤 방어를 할 틈도 없이 눈물이 주르륵 흘렀다. 감정을 통제할 새도 없이 흐르는 눈물에 당황했다. 그녀도 살짝 당혹스러운 것 같았지만 가만히 안아 주며 '많이 힘들었군요' 하면서 토닥토닥 등을 두드려 주었다. 누군가에게 '괜찮나요?'라는 말을 듣는 것만으로도 마음이 이렇게 움직일 수 있는지를 온몸으로 느끼던 순간이었다.

난생처음 육아를 하면서 느끼는 '어렵다'는 감정, 엄마를 찾으며 울고 있을 아이, 그런 손녀를 달래고 계실 친정엄마에게 미안한 마음 등이 엉켜있던 나에게 어떤 말보다 위로가 되었다. 온유함, 따스함, 진실함이 담긴 '당신은 괜찮나요?'가 얼마나 아름다운 말인지 새삼 느끼던 순간이었다.

'열린 마음, 겸손함, 솔직함, 친절함, 타인의 행복을 바라는 연민'의 마음으로 세상을 보는 따스함, 마음 챙김을 일상의 중심에 두고 실천하는 사람들의 공통점인 것 같다.

두 번째 교육 날, 낯이 익은 한 분이 옆자리에 앉아 있다. 유정은 대표가 운영했던 지포즈gPause 모임에서 만났던 운영진 김연정 님이었다. 늘 마주치면 '괜찮나요? 무엇을 도와드릴까요?'라고 따스한 미소로 안부를 묻던 분이라 반가운 마음으로 나란히 앉아 강좌를 들었다.

교육 프로그램은 실습하는 시간이 많았다. 기억나는 실습 중 하나가 내 인생에서 최고로 멋진 미래를 떠올리며 자서전을 쓰고 이야기를 나누는 시간이었다. 미래를 꿈꾸며 이런 것을 하고 싶다고 조금은 쑥스럽게 말하는 나의 눈을 그녀는 지긋이 바라보았다. 공감과 경청으로 진심 어린 마음을 담아 응원해 주는 것이 느껴졌다. 우리는 이야기를 나누면서 서로 동갑내기 친구임을 알게 되었고, 그 후로 심리적 거리는 한층 가까워졌다.

연정은 '따뜻한 바위'라 불리는 명상 안내자이다. 초등학교 때부터 엘리트 체육으로 시작해, 대학 시절 에어로빅스 선수와 필라테스 트레이너로 활동해 왔고, 지금은 마음 근력을 키우는 수행자로 다양한 명상 워크숍 및 프로그램을 운영 중이다. 명상 전문가이지만 초보 명상가인 나와 명상 경험을 나눌 때는 늘 겸손한 태도로 잘 모르는 것에 대해 물어보면 친절하게 설명해 주었다.

　모든 교육과정이 끝난 후 28일간의 실천 프로그램이 진행되었다. 매일 마음 챙김 명상을 연습할 수 있도록 집중연습, 통합연습, 성찰 질문이 메일로 도착했다. 명상을 함께하는 짝을 만들고, 매일 그날의 과제를 인증하고 의견을 나누는 것이 미션이었다. 나는 연정과 함께 미션을 수행했다. '우리 자신과 다른 사람의 행복 바라기'가 주제였던 날, 통합연습 과제는 '오늘 만나는 사람을 보면 그들을 맞이하면서 당신이 행복하기를 바란다'라고 마음으로 말하는 것이었다. 성찰 질문은 '다른 사람이 잘되길 바라는 연습이 상대방과의 교류에 어떤 영향을 주었습니까?'였다. 모든 이들이 행복하기를 바라는 마음을 드러냈을 때의 변화에 관해 이야기를 나누다, '현명한 이기심'에 관한 주제가 나왔다. 연정이가 말했다.

"명상하는 것은 매 순간 지혜로운 선택을 해서 행복해지기 위함인 것 같아."

그녀의 말을 들으며 명상을 하면 분노도 조절할 수 있고, 무조건 인내하는 사람이 된다고 생각하는 고정관념에서 조금은 벗어날 수 있었다. 명상을 한다고 화가 나지 않거나 모든 일에 순한 마음을 갖는 것은 아니다. 또한 다른 사람의 행복을 의도 없이 바라는 것이 내가 손해를 본다는 의미도 아니다. 내 마음이 편하기 위해 남을 돕고 타인이 행복하기를 바라는 연민의 감정을 갖는 것이다. 결국 타인의 행복을 의도 없이 바라는 것은 내가 행복하기 위한 '현명한 이기심'인 것이다. 내가 행복하기 위해 그러나 그 행복이 타인의 행복을 바랄 힘이 되기에, 나는 오늘도 나의 행복을 바라고, 다른 사람의 행복을 바란다.

타인의 행복을 의도 없이 바라는 마음에 전염되었던 경험이 있다. 바로 그토록 만나고 싶었던 차드 멩 탄을 직접 만났을 때였다. '위즈덤2.0코리아'라는 콘퍼런스에서 드디어 그를 직접 만났다. "당신의 책이 저의 인생을 바꾸었습니다"라고 짧은 인사를 건넸다. 멩을 만나면 사인을 받겠다는 마음을 먹고 『너의 내면을 검색하라』의 책과 네임펜까지 준비해 갔다. 강단 앞쪽에 사람도 많고 어떻게 해야 할지 몰라 잠시 쭈뼛쭈뼛하며 뒷자리에서 방황하고 있었다. 그런 나를 발견하고 향복 님이 손을 잡아이끌어 차드 멩 탄 앞으로 데려다주었다. 용기를 내어 인사를 하고 사인을 요청했다. 차드 멩 탄은 찬찬히 내 이름을 물어봐 주고 너무나 귀엽고 앙증맞게 'Dear Young Ha, Be :)'라는 문구를 찬찬히 써주었다. 그런 후에 사인한 책을 천천히 본인 이마로 가져가서 행복을 빌어주는 기를 넣어 주었다. 진지하기도 하고 유머러스한 제스처의 차드 멩 탄을 보면서 나도 모르게 행복 바이러스에 전염되었다. 한껏 웃으면서 사진도 같이 찍었다. 5분 남짓의 시간이었을까, 마치 정지된 장면처럼 기억된다.

세계의 평화를 꿈꾸는 멩은 무척 소탈하고 겸허함이 몸에 배어 있었다. 상대방에게 진심으로 집중해 주고, 온 정성을 다해 행복을 빌어주는 모습이 따스한 봄날의 햇빛 같기도, 잔잔한 바다의 반짝이는 윤슬 같기도 했다.

차드 멩 탄은 내면의 행복은 전염성이 있다고 이야기했다. 직접 멩을 만나니 그가 뿜어내는 빛에 나도 모르게 긍정적으로 영향을 받아 절로 미소가 지어졌다. 자기 안에서 평화와 행복을 빚어내는 법을 찾아낸 사람의 행복이 전염되는 순간이었다. 마음 훈련을 통해 내면을 더 풍성한 행복으로 만들고, 그와 더불어 평화와 연민을 키워 좋은 에너지를 전달하는 사람이 되고 싶다.

'지금 행복에 접속하고 있는가'

차드 멩 탄과 유정은 대표를 통해 접하게 된 마음 챙김은 삶의 중심을 잡는 도구가 되었다. 육아로 정신없고 해결할 일이 잔뜩 쌓인 업무에 파묻히다 보면, 스스로 알아차림에 소홀하게 된다. 초점이 흐릿해지고 눈이 캄캄하고 아무 생각이 나지 않아 뇌는 정지 상태가 된다. 그럴 때 집중하고 크게 세 번 심호흡을 한다. 마음이 산란할 때 호흡을 하면, 어딘가 어긋날 때가 있다. 들이마신 숨을 재빠르게 내뱉고 쫓기는 마음으로 해야 할 일을 빨리 처리하려 한다. 이럴 때일수록 짧게 2분 동안만이라도 나의 호흡으로 주의를 기울인다. 마음에 불안함이 깊게 느껴지면 좀 더 길게 15분 정도 호흡에 주의를 기울이기도 한다.

어느 날 15분 남짓 호흡명상을 한 후 눈을 뜨는데 '받아들임'이라는 단어가 떠올랐다. '그래, 내가 힘들었던 것은 불안하지 않으려고 했던 마음 때문이야. 명상해도 불안하고 화가 나고 슬프고, 그래서 더 불안하고 화가 나고 슬펐는데, 명상을 하면 이런 감정을 받아들이게 되는 구나….' 있는 그대로 받아들이니 마음이 한결 편안해졌다. 내 마음 골짜기 어딘가에 자각의 시원한 바람이 불어 마음이 청명해졌다. 지금이 바로 행복에 접속하는 순간이었다.

트위터 공동 창업자 비즈 스톤은 '회사에서 당신의 역할이 무엇이든, 즉 많은 보고서를 검토하는 임원이든, 팀 내의 실무자든 간에 일상에서 스스로 마음을 알아차리고 타인의 사정을 이해하려고 노력하는 습관을 들이면 더 건강하고 생산적인 사람으로 거듭나게 된다. 그뿐만 아니라 함께 일하는 동료들도 더 긍정적인 반응을 보이면서 더 훌륭히 직무를 수행하게 될 것이다'라고 말했다.

마음 챙김, 명상을 통해 마음을 알아차리고 직관적인 통찰 근력을 키울 수 있다. 지성을 갖춘 내 삶의 리더가 된다면 지금 행복에 접속할 수 있을 것이다.

"지금 어떤 태도로 일을 하고 있는가"

회사 출근길, 흡사 전쟁터에 나가는 전사 같다는 생각이 들 때가 있다. 지하철 개찰구를 통과할 때 '띡' 소리가 들리면 '오늘도 정신 차리자'라는 구호 같기도 하다. 해야 하는 미팅과 일을 떠올리면 발걸음이 천근만근이지만, 애써 심호흡을 하며 '오늘도 파이팅'이라고 스스로에게 말한다.

바쁘게 일을 쳐내다 보면 점심시간이다. 자발적으로 혼자 남은 사무실, 고요하다. 차나 커피 한 모금을 마시며 깊은 숨을 내쉰다. 정신없을 때는 '지금 이 일을 왜 하는가'라는 질문을 할 틈도 없지만, 고요 속에서는 질문이 떠오른다. '지금 어떤 태도로 일을 하고 있는가', 잠시 일의 의미와 태도에 대해 생각한다.

'지금 어떤 태도로 일을 하고 있는가'라는 질문을 던지고 행동하는 사람들이 있다. '모빌스 그룹'을 만든 모춘과 소호이다.

이들은 스스로 일하는 방식을 바꾸기 위해 부단히 질문하고 애쓴다. 모두가 무의미하다고 말하더라도 스스로 맞다고 생각하는 일을 하면서 무엇이든 해내는 사람들. 이들을 보고 있으면 일을 바라보는 태도에 대해 다시 질문을 던지게 된다.

일을 바라보는 태도의 전환 : 프리워커스, 모빌스 그룹

모춘과 소호, 그들이 만든 모빌스 그룹의 멤버들은 일을 바라보는 태도에 대해 질문하고 행동해 나간다. 그들은 스스로를 '프리워커스'라 정의한다. 회사에 소속되어 있든 아니든, 혼자 일하든 함께 일하든, 일하는 형식이나 위치에 상관없이 내가 내 일의 주인이라면 '프리워커스'라고 말한다. 모빌스 그룹과 모베러웍스 브랜드는 어떻게 만들어졌을까?

모춘과 소호는 라인플러스 회사에서 서로를 만났다. 라인플러스가 캐릭터 사업을 본격화하면서 '라인프렌즈'라는 독립 법인이 세워지고, 회사는 점점 성장해 나갔다. 하지만 그들은 회사의 성장세에 비해 개인의 성장은 큰 변화가 없다고 느끼기 시작했다. 업무는 전보다 훨씬 안정적으로 변했지만, 반복되는 일도 많고, 일 외적으로 처리해야 하는 어려운 것들이 쌓여가던 중, 모춘과 소호는 '이렇게 일하는 게 맞나?'라는 의문이 계속 들었고 무기력으로 지쳐갔다. 그리고 시기는 다르지만, 둘 다 퇴사를 했다.

처음 모춘이라는 인물을 알게 된 것은 '모티비'라는 유튜브를 통해서였다. 독립 출판 책 만들기를 함께 배웠던 민정이가 요즘 매번 챙겨보는 콘텐츠라고 추천해 주었다. 트렌디하고, 마케팅이나 사물을 바라보는 시선이 늘 창의적이고 깊다고 생각했던 지인인지라 망설임 없이 검색한 후 정주행을 하기 시작했다. 두서없는 유튜브 출사표 편이었을 것이다.

약간 길쭉하고 까만 얼굴에 반짝이는 눈의, 조금은 예민해 보이는 한 남자가 등장했다. 공원의 운동기구에 앉아 발을 까닥까닥 움직이면서 이야기를 시작한다. 다소 초조해 보이기도 했던 그는 대뜸 퇴사를 했다는 말을 꺼냈다. 퇴사 후 쉬고 싶기는 하지만 마음이 불안해져서 뭔가 해야 할 것 같아 유튜브를 시작했다고 했다.

직장인이라면 한 번쯤 꿈꿔봤을 것이다. 멋지게 사직서를 내고 심장이 두근거리는 내 일을 하는 것. 그렇게 사직서를 냈지만 여전히 불안하다고 솔직하게 털어놓는 모습에 더욱 공감이 되었다.

'지금 어떻게 일하고 있나?'라는 질문으로부터 시작한 퇴사는, '앞으로 어떻게 일하고 싶나?'라는 질문으로 이어져 앞으로의 미래가 무척 궁금해졌다. '구독, 좋아요, 알람'을 설정하고 점점 나는 '모쨍이(모티비 채널을 시청하는 팬들을 일컫는 말)'가 되어갔다. 이후 모춘은 '모베러웍스'라는 브랜드를 만드는 과정을 유튜브에 지속적으로 공개했다. '브랜딩'의 과정을 간접 체험하면서 배우는 좋은 콘텐츠였다. 브랜드, 제품, 팬, 커뮤니티를 어떻게 만들어 갈 것인가 고민하는 지인들에게 모티비를 첫 회부터 정주행하라고 늘 추천한다.

　내가 베스트로 뽑은 모티비 채널 중의 하나는 '모춘 인생 설계 워크숍'이라는 모티비 5화이다. 모춘과 소호는 강원도로 워크숍을 떠난다. 워크숍에서 진행된 주제는 '나'였다. 조직에서 무엇을 할 것인가를 이야기하기 앞서 '나는 어떤 사람인지, 무엇을 좋아하고 싫어하는지, 누구와 일하고 싶은지, 성취와 실패 요인이 무엇인지'에 대한 내용을 포스트잇에 적어 나갔다. 이루고 싶은 목표나 비즈니스를 어떻게 전개할 것인가로 워크숍을 시작하는 것이 아닌, '나'로부터 출발한다는 점이 신선했다. 자신을 분석한 키워드는 곧 회사의 브랜드 정체성 키워드로 연결되었다.

　워크숍을 통해 꼽은 모춘의 핵심 키워드는 '이야기, 느슨한 연대, 디지털 노마드, 유쾌함, 솔직함' 등이었다. 이 키워드들은 브랜드의 방향성과 홍보 방식으로 이어진다. 예를 들어 모춘이 상대방과 이야기하면서 교감을 통해 시너지를 내는 성향은 '이야기를 진술하게 전달'하는 브랜드의 방향으로 설정되었다. 초반의 의욕적인 출발은 좋지만, 에너지를 다 써 버리고 쉽게 방전되는 모춘의 단점을 보완하기 위해서 '느슨한 연대로 다양한 사람과의 협업'을 브랜드의 홍보 방식으로 선택한다. 모춘과 소호의 개인 캐릭터가 모베러웍스라는 브랜드로 성장해 가는 과정이 마치 살아 있는 생명체 같았다.

이들이 퇴사하고 새롭게 일하는 방식을 고민하고 일을 찾아가는 여정 자체가 브랜드의 서사가 되었다. 회사에 얽매이지 않는 자유 노동자, '프리워커스'라는 콘셉트를 만든 후 '더 나은 일'이라는 뜻의 모베러웍스라는 브랜드가 만들어졌다. 브랜드가 만들어지는 과정을 간접적으로 보는 것은 함께 만들어간다는 성취감을 느끼게 해 주었다. 그래서일까, 더욱 브랜드에 애정이 가고 잘 되면 좋겠다는 진심 어린 응원을 늘 하게된다.

'무슨 일을 할 것인지'보다 '어떤 태도로 일할 것인지'를 먼저 생각하는 이들의 관점이 좋았다. '나'를 깊이 들여다본 후 브랜드의 방향성을 구체화하는 과정을 보고 있으면 뭔가 하고 싶다는 욕망이 생겼다. 퇴근길 무기력한 감정으로 유튜브를 보다 보면 내 안에서 '불끈' 의욕이 꿈틀거렸다.

일의 의미와 즐거움을 찾는
프리워커스

당시 4명으로 구성된 소규모 팀의 팀장이었던 나는 팀 워크숍을 기획했다. 우리 팀의 일하는 태도, 일하는 방식을 정의하는 워크숍이었다. 현실적으로 워크숍을 위해 멀리 떠나는 건 어렵지만, 그래도 회사를 벗어나면 좋겠다고 생각했다. 지인이 운영하는 작은 차실을 예약하고 한 시간 동안 티 클래스를 부탁했다. 업무에 관한 이야기를 나누기 전에 각자의 어지러운 마음을 정리하는, 마음 닦기 시간이 있었으면 했다. 종류별로 다양한 찻잎의 모양을 관찰하고 향을 맡아보며 맛에 집중하면서, 각자 머릿속의 복잡하고 시끄러운 일로부터 잠시 거리를 둘 수 있기를 바랐다.

뽀드득뽀드득, 마음이 조금 닦인 후 모춘과 소호가 했던 것처럼 각자의 강점과 약점, 개인적으로 올해 이루고 싶은 일, 회사에서 집중해서 하고 싶은 일을 포스트잇에 적었다. 회사 업무나 팀으로부터 시작하는 것이 아닌 '나'로부터 출발해 서로를 이해하고 교집합을 찾아가는 과정이었다.

작은 차실의 통유리창에 각자 작성한 포스트잇을 붙이고 유사한 키워드끼리 묶고, 묶은 것을 설명하는 키워드를 작성해서 붙였다. 각자 머릿속에 있던 것이 밖으로 표출되니 개성 있는 생각들을 만날 수 있었다. 회사에 소속되어 있지만 주체적으로 일의 의미와 즐거움을 찾는 프리워커스가 되는 순간이었다.

모춘과 소호는 때론 불완전하고 즉흥적이더라도 그 과정을 모두 기록한다. 기록물이 때론 실패의 결과물일 수 있지만, 이들은 실패를 쿨하게 인정하고 다시 리셋하고 시작하면 된다고 이야기한다.

소호는 『프리워커스』라는 책에서 '기억이 영상을 중심으로 재편된다'라는 표현을 썼다. 많은 일을 하는 가운데 머릿속에는 편집된 이야기만 남게 되는데, 영상에 담기지 않은 일은 흩어지고 영상으로 내보낸 기억은 훨씬 선명해진다는 것이다. 즉, 어떤 기억을 남길지 선택해 무수히 많이 발생하는 일들을 언제든 스스로 이야기를 재편집해서 만들 수 있다는 것이다. 처음 시작한 이야기를 멈추거나 바꾼다 해도 얼마든지 새로 실험할 수 있다는 것, 세상의 시선이 아닌 자신의 시선으로 언제든 새로운 것을 시도해 보라는 이들의 외침에 내면의 무언가 꿈틀거린다.

이들처럼 기록해 나가야겠다고 생각했다. 처음엔 영상으로 회의 과정을 찍기도 했는데 생각보다 편집이 쉽지 않았다. 좀 더 지속 가능한 방법을 고민하다 '워크 로그'를 시작했다. 매일의 업무를 사진으로 기록하는 것이다.

어느 가을날. 경영계획 수립을 위한 시장 수요 예측 숫자를 뽑으면서 함께 바라본 하늘과 노을이 아름다웠다. 우리는 잠시 야근을 멈추고 사진을 찍었다. 이성적인 일을 하다 감성적인 필에 빠져 사진을 찍다 보면 순간 짜증 났던 감정이 조금은 해소되는 것 같다. 그 순간을 기록한 사진을 가끔 열어 본다. 당시 힘들었지만 신나게 웃는 모습이 마냥 즐거워 보인다. 함께 웃으며 고비를 넘기고, 포기하고 싶을 때 부족한 것을 채워주며, 앞으로 나아갈 수 있었던 동료들이 참 고맙다.

우리는 가벼운 노트 기록도 시작하기로 했다. 구글독스에 각자 매일의 생각, 감정을 한 줄 일기처럼 적었다. 각자 답답함을 토로하기도, 속상한 마음을 슬쩍 남기기도, 힘들지만 함께 차를 마시며 멍때렸던 순간을 기록하기도, 또 프로젝트가 끝난 후의 홀가분한 마음을 표현하기도 했다. 1년의 기록을 모았더니 제법 한 권의 작은 책이 나올 수 있을 정도의 분량이 되었다. 그냥 흩어질 수 있는 기록들을 편집하여 엮으니, 하나의 이야기되었다.

모춘이 던진 모묘하면서도 차가운 질문

드디어 모춘과 마주 앉았다. 유튜브로 보았던 모빌스 직원들이 앉아 있던 사무실, 유튜브상에서 늘 전략 기획실이라 소개했던 테이블이 있는 곳으로 안내를 받았다. 영상에서 보았던 그대로였다. 마치 연예인을 보는 것 같이 설렜다. 하지만 회사 프로젝트로 진행하는 공식 자리에서 너무 좋아하는 티를 내면 안 될 것 같아 사심을 숨기고 인터뷰를 진행했다.

모춘의 뼈있는 말에 머리가 '댕' 하고 울렸다.

"MZ 세대를 분석하려 들 때 이미 진 거예요."

우리가 한 질문의 요지는 이랬다.

'요즘 세대들을 잘 이해하고 개성 있게 브랜드를 출시하고 새

품화시켜 팬덤으로 소통하고 있는데 그 비결이 무엇인가?'

냉철한 모춘의 대답이 돌아왔다.

"저는 사람들이 왜 모베러웍스를 좋아하는지 정확히는 모르겠어요. 저희 이름이 알려진 후 MZ 세대의 마음을 훔친다고 하니까 한편으로는 기쁘지만 사실 저희는 깊이 생각한 적은 없거든요. 그들의 마음을 정의하기가 어렵잖아요. MZ 세대의 대표 속성이라는 것을 표본화하는데, 사실 그 세대가 실제로 존재할까요? 다양한 취향을 하나로 표본화하는 것이 가능할지, 자료 조사라는 것이 결론을 전제하잖아요. 어떻게 해서든지 분석해서 결론을 도출해내려고 하면 결국엔 진 것이 아닌가 생각했어요. 저는 표본화 작업에 대해 굉장히 부정적인 의견을 가지고 있는데, 마케팅 타깃을 설정할 때 세대를 기준으로 작업하는 것이 맞는 방향인가 싶습니다."

당시 프로젝트는 MZ 세대에 대한 분석을 통해 비즈니스의 기회 요인을 찾는 것이 주제였다. 많은 기업과 여론에서 'MZ 세대'라는 말을 유행어처럼 사용한다. 과연 이 단어의 실체가 있는 것일까? 이는 결국 기성세대가 정형화해서 분류하고 이해하려고 만든 개념인 것이다. 그리고 그 개념을 이해했다는 것 자체가 '내가 그들을 잘 알고 있어'라는 잘난 척이고, 그 순간 이미 '게임에서 진 것이다'라는 모춘의 말을 들으니 머리 한편에 지진이 나는 것 같았다.

왜 우리는 분석하고 있는 것일까? 어떤 현상을 분류하고 범주화하는 것은 사실 의도를 갖고 작위적으로 나누는 것이다. 네이버에 'MZ 세대'라는 단어를 넣고 검색해 보면 다양한 특성과 정의가 나온다. 이를 검색하는 사람은 성공방식과 정답이 바로 나오는 자판기를 기대했던 것일까. 모춘의 말을 듣고 생각해 보니 우리는 한스 로슬링이 『팩트풀니스』에서 이야기했던 일반화 본능에 빠져있었다. 끊임없이 범주화하고 일반화하는 본능은 무의식중에 나오는 성향이다. 사고가 제 기능을 하기 위해서는 범주화는 필수적이다. 하지만 범주화는 생각의 틀을 잡는 데는 유용하지만 대상을 바라보는 시각을 왜곡할 수 있다.

모춘과 인터뷰하면서 MZ 세대의 특성을 규정하고 구분하는 지금의 범주 방식이 맞는지 질문을 던지게 되었다. 그리고 나의 삶에 대입해 보았다. 이렇게 살아야 한다고 스스로 범주화한 것에 대한 의문이 생겼다. '다수가 동의하는 결과가 삶의 정답이라고 생각하고 있는 것이 아닐까, 평준화되고 안정된 그룹에 소속되기 위해 부단히 애를 쓰고 있는 것은 아닐까, 일과 삶을 대하는 태도 역시 그렇게 해야 한다고 믿고 있는 당위성에 매몰된 것은 아닐까' 지금껏 당연히 여겼던 것들에 질문을 던졌다.

　모춘은 눈치 보느라 무미건조하게 사느니 미움받더라도 뚜렷하게 사는 편이 낫다고 했다. 지금 나는 남의 시선을 신경 쓰느라 내면의 욕망을 애써 외면하고 있는 것은 아닐까? 내 삶을 수동적으로 끌려가듯 눈치 보며 살고 싶지 않다. 마스다 무네아키는 『지적 자본론』에서 '사람들에게 가치를 전하는 일을 기획하는 사람이라면 모두 디자이너'라고 했다. 내 삶의 디자이너, 가치 있는 일을 하는 기획자가 되고 싶다는 욕망과 열망이 끓기 시작했다.

　모춘은 모빌스그룹과 모베러웍스 브랜드를 운영하면서 2024년 2월, 성수동 연무장길 초입 골목에 '무비랜드'라는 작은 극장을 만들었다. 처음 극장 오픈 소식을 인스타그램을 통해 접했을 때 심장이 두근거렸다. 모베러웍스 론칭을 지켜볼 때가 2019년이었다. 이후 그들은 지속적으로 자신들만의 가치관과 태도로 실험하고 있었다. 무비랜드라는 공간은 '영화가 아닌 이야기를 파는 극장'이라고 정의하는 모춘을 보면서 유행가 가사처럼 '찐이야!'라는 생각이 들었다. 모티비 초기 워크숍에서 뽑은 키워드

중 하나가 이야기였고, 이야기를 진솔하게 전달하는 것이 브랜드의 방향성이었다는 점이 떠올랐다. 치열하게 고민하고, 적극적으로 일하는 태도로, 진정성 있게, 뚝심 있게 실험하는 그들이 존경스러웠다.

앞서 이야기한 대로 무비랜드에서 상영하는 영화는 실제 개봉하는 신작이 아니다. 매달 전달하고픈 이야기를 가진 사람을 선정해 그 사람이 큐레이션 한 영화를 상영한다. 그들이 하고픈 말이나 가치관을 영화로 만들어 메시지를 전하는 방식인 것이다.

성수동에 동료와 트렌드 캐칭을 갔다가 무비랜드에 잠시 들렀다. 모춘과 소호, 모빌스 멤버들이 모두 있었다. 환호하며 멋지다고 박수 치고 싶었지만, MBTI의 'I' 성향인 나는 마음속 이야기를 다 꺼내지도 못한 채 짧게 근황만 전하고, 다음번에는 영화 보러 오겠다는 말을 던지고 핫도그만 덜렁 사 들고 나왔다.

그들의 이야기를 파는 무비랜드 공간을 보며, 처음 모춘과 소호를 알게 되었을 때의 설렘과 함께 내면의 북소리가 들렸다.

'내 삶의 주인으로 책임있게, 잊어둔 사람과 추기일지 그렇게 꼬리꼬리가오로 깊파는 지 설렘과 자유음 너기봇지.'

그동안 잊혔던 내면의 소리였다.

'지금 어떤 태도로 일을 하고 있는가'

일을 하다 보면 무력감에 빠지는 구간이 있다. 자발적으로 행동하지 못하는 무능력이 무력감의 뿌리라는 말이 있다. 지금 스스로 무기력하다고 느낀다면, 모춘과 소호가 그러했던 것처럼 자발적으로 할 수 있는 행동을 찾아야 한다. 심장을 두근거리게 만드는 이상이 있다면, 이상을 좇아 모험하는 선택을 기꺼이 해야 한다. 나의 애씀과 마주하는 것이 현실에서 부딪치는 벽과 불안함일지라도 말이다.

프리워커스처럼 일을 대하는 태도를 갖자. 해야 하는 일이라면 끌려가듯 일하지 말자. 회사에 소속되어 있든 아니든, 혼자 일하든 함께 일하든, 내가 내 일의 주인인 것이다. 조직에서 무엇을 할 것인가를 이야기하기에 앞서 나는 어떤 사람인지, 무엇을 좋아하고 싫어하는지, 누구와 일하고 싶은지, 성취요인과 실패 요인이 무엇인지에 대한 이해가 필요하다. 나의 강점을 살리고 약점은 주변의 도움을 받는 용기도 필요하다. 일을 함에 있어

'실행의 주인은 나'라는 생각과 태도로 좀 더 재미있게, 책임감 있게 나의 일을 해나가고 싶다.

"공간에 삶의 가치가 담겨 있는가"

"너만의 공간을 갖고 싶어. 내가 좋아하는 것들로 채워진 공간 말이야. 지금 나는 어떤 공간에서 살고 있을까? 집을 사고 평수를 늘려가는 것 말고 내가 살고 싶은 곳은 어떤 공간일까?"

집을 자세히, 느리게 들여다보는 사람이 있다. 집이라는 공간에서 크고 작고 사소한 경험들이 만들어 낸 질문을 세심하게 놓치지 않고 하나씩 건져 올린 집과의 대화록,『집이 나에게 물어온 것들』의 저자, 장은진 작가이다. 그녀는 단순히 취향을 담은 공간이 아닌 '삶의 가치를 담은 공간에 살고 있는가'에 대한 질문을 던진다.

집이 나에게 질문을 건네다 : 장은진

『집이 나에게 물어온 것들』의 작가 장은진은 복잡한 도심에서 벗어나 집을 짓기로 결심한다. 자발적인 은둔이라고 해야 할까. 지금 이 시대에 '해야만 한다'는 통념이나 관습에서 벗어나 불안한 마음을 뒤로 하고 자유로운 선택을 한다. 그 선택은 '기윤재'라는 '집'을 빚어냈다. 세상 모든 만물은 이름에서부터 그 존재가 시작된다고 노자가 이야기했듯 그녀는 집을 짓기 전 '기윤재'라는 이름을 먼저 지었다.

집이란 보통 보이는 외형을 중심으로 말하기 사면,
진모습을 보려면 그 안에 흐르는 정신을 읽어야 보인다.
집의 정신을 함축해서 담아낸 것이 바로 집의 이름이고,
그 이름이 곧 집주인의 정신이다.

「집이 너에게 물어온 것들」 중에서

그녀는 공간의 이름은 살고 있는 사람의 생활신조를 담아야 한다고 생각했다. 정약용이 '여유당'이라는 당호를 지은 것처럼, 신사임당과 허난설헌이 당호로 더 알려진 것처럼 말이다. '집짓기'라는 여정을 시작하기 전 이름을 짓는 일은 기준을 세우는 일이었다. 집은 거주하는 사람의 생활 방식과 가치관에 최적화된 공간이어야 한다는 생각 때문이다.

그녀는 가족의 이름에서 실마리를 찾았다. 남편의 이름에서 '새롭고 뛰어나다'는 뜻을 가진 기특할 기 와, 아이 이름의 윤택할 윤 을 조합해서 '기윤'이라 정했다. 주거 또는 독서와 사색을 위한 공간이라 '재'를 붙여 '기윤재, 기발함과 넉넉함을 담은 집'

이라고 이름 지었다.

보통 아파트는 ○○아파트 몇 동 몇 호로 불리는데, 가족의 가치관을 담아 집의 이름을 짓다니 놀라웠다. 내가 살고 있는 공간의 의미에 대해 생각해 보았다. 나와 우리 가족의 삶의 방식은 어떤 공간을 통해서 형상화되어 있을까.

"삶의 내용은 고유한 시선이 되어, 관점이 되어 눈에 담기고, 그 눈으로 선택한 형식에서 드러난다."라는 작가의 표현처럼 나의 시선이 어떤 형식으로 표현되고 있는가의 관점으로 우리 집을 바로 보았다. 깊은 한숨이 나온다. 그저 물건의 집합처, 필요와 취향이 맥락 없이 섞인 물건 보관소 같다는 생각에 부끄러운 마음이 들었다.

'지금 이 순간에 행복할 것'이라는 지혜를 배울 목적으로 책을 가득 쌓아둔 작은 방에 앉아 생각에 잠겼다. '이 공간부터 정리를 해야겠다' 싶었다. 작은 이 공간에서 중요한 곳은 어디일까?

책상의 위치를 창문을 바라볼 수 있는 구도로 바꾸었다. 언젠가 필요하겠지 싶어 잔뜩 꽂아 놓은 펜, 포스트잇 등 사용처 잃은 물품들이 정신없이 쌓여 있는 보관함을 정리하였다. 지금 읽고 쓰는 데 필요한, 쓰임새 있는 것들만 꺼내 두었다. 점점 이 공간에서 중요하게 생각하는 것이 무엇인지, 이 공간에서 하고 싶은 것이 무엇인지 드러났다. 삶에서 추구하는 방향이 사물의 구조 변화와 배치로 고유한 형식을 빚었다. 이 형식은 다시 책을 읽고 글을 쓰고 싶다는 내 안의 가치, 열망을 불러일으켰다.

"우와, 엄마 너무 좋다."

아이가 정리된 방에 들어오면서 작은 탄성을 지른다. 쪼르르 책상에 앉더니 종이를 달라고 한다. 무엇인가 쓰고 그림을 그린 후 주방 문 쪽에 가져다가 완성품을 붙인다. 무엇을 해야 하는 공간인지 알려주지 않았는데 아이는 어떻게 알았을까.

매일 새벽, 이 공간에 불을 켜고 앉는다. 나를 향한 시간이 흐르는, 마음 둘 곳은 바로 이 공간, 작은 서재이다. 지금도 이 공간에 앉아 글을 쓰고 있다. 내 안에 있는 추상적인 욕망을 구체적으로 기획하는 장소, 나로 존재하기 위한 열정의 씨앗을 심고 자라게 하는 장소이다.

드디어 그곳, 기윤재에 도착했다. 그녀는 따스한 미소로 환대했다. 기윤재 공간 곳곳을 소개받았다. 공간 하나하나가 허튼 곳이 없다는 것을 느꼈다. 이 공간은 이래야 한다는 정형화된 공간 구획이 아닌, 가족이 공간에서 각자 또는 함께 무엇을 할 것인지 삶의 양식이 녹아 있었다.

공간에서 가장 부러웠던 곳은 별채 다실이었다. 차를 좋아하고 삶의 중심으로 삼는 차인으로서 다실은 늘 갖고 싶은 공간이다. 오롯하게 나로 자립하여 존재할 수 있는 별채라는 점이 매력적이었다. 집안에서 독립된 공간의 문지방을 넘었다. 마치 다른 세계로 건너가는 것 같다. 그녀는 그 공간을 별세계, '작은 기윤재'라 불렀다.

공간에 홀로 남았다. 잠시 공간에서 머물러 쉬라는 그녀의 배려이다. 그녀에게 별세계라고 소개받아서 그런 것일까, 작은 소우주에 앉아 있는 것 같다. 주변의 소음이 차단되었다. 고요했다. 자리에 앉아 노트를 펼쳤다. 종이가 '사각' 넘어가는 소리만이 유일하게 크게 울렸다. 소리를 내는 나에게로 주의가 향했다. 그 순간 시간이 나에게로 흘러오는 것 같았다. 그녀는 공간의 물건들을 활용해서 편하게 차를 내어 마시라고 안내했다.

차를 우릴 물을 끓인다. 물을 부어 차를 우려내어 찻잔에 따른다. 공기의 분자가 미세하게 바뀌며 코끝으로 차의 향기가 들어온다. 가장 자연스러운 고급 향수이지 않을까, 미소 지으며 차를 입안에 머금는다.

문을 열어두면 바람도 쉬다 가는 공간이라 이야기했던가, 잠시 마음을 내리고, 쉬어가는 바람을 벗 삼아 공간을 둘러본다. 이 다실과 기윤재 안주인, 장은진 작가가 참 닮았다. 공간에 삶의 가치관을 녹여 넣는 사람, 내면에 귀를 기울이며 나를 가꾸는 사람이구나 싶었다. 삶의 내용이 고유한 시선으로 선택한 형식과 공간으로 드러나는 것. 그녀는 나에게 어떤 삶의 양식을 담은 공간에서 살고 있는지 물어왔다.

기윤재를 방문하기 전에는 취향이 또렷하고 세련된 주인장의 사물이 담긴 인테리어가 예쁜 공간이라 생각했다. 기윤재는 기품 있으면서도 절제된 취향이 담긴 공간이기도 했지만, 단순히 취향의 집합체만은 아니었다. 스킵 플로어로 구조의 변화를 통해 관습을 깬 공간이었다. 건물의 층을 일반적인 1층의 높이가 아니라 반 층 정도로 설계한 구조가 스킵 플로어이다. 기윤재는 같은 공간도 층으로 나뉘어 있어 계단에 따라 공간의 역할이 다른 것이 독특했다.

기윤재에 살고 있는 아이, 하윤이가 어느 날 엄마가 어디 있는지 찾는다. 거실에 있던 그녀가 "엄마 거실에 있어."라고 하자 아이의 대답이 재미있다. "아, 엄마 지금 4층에 있구나!" 이층집인 이 집을 큰 구획으로 나눈다면 거실은 1층이었다. 하지만 같은 높이를 하나의 층으로 가정했을 때 기윤재는 8층 집인 구조였다. 공간의 구성을 스킵 플로어 형태로 지은 것이 작가가 만든 구조와 양식이지만, 기윤재에서 살아가는 가족의 사고와 행동을 변화시키는 것은 바로 집에 대한 그들의 인식이었다. 거실을 1층이 아닌 4층이라고 이야기한 것으로 보아 아이가 생활하면서 인식하고 체화한 입체적인 공간감이 사고 확장에 영향을 미쳤음을 짐작할 수 있었다.

　　기윤재의 정원에는 젖은 흙 내음을 맡을 수 있는 잔디가 깔려 있다. 땅 내음이 바람을 타고 코끝으로 들어온다. 싱그러움의 향이 좋다. 함께 기윤재에 온 회사 동료들의 표정이 밝다. 파란 하늘과 화창한 날씨에 얼굴이 더욱 빛난다. 장은진 작가에게 부탁해 워크숍을 기윤재에서 하기로 한 날이었다. 우리는 동그랗게 앉아 간단한 요가 스트레칭을 함께했다. 뻣뻣한 몸을 이리저리 움직이고, 잔디에 털썩 앉아 멍하니 정원의 소나무와 하늘을 바라보며 지친 마음을 쉬어갔다. 절로 까르르 웃음이 나왔다. 자연과 사람이 서로 마음을 열어 놓고 교감하는 순간이었다.

그녀는 관리하기 쉬운 돌바닥이 아닌, 계절에 따라 색이 변하고, 비가 오면 흙냄새가 나는 잔디를 일부러 선택했다. 불편하지만 자연을 가까이 두기 위한 선택이었을 것이다. '어떻게 하면 좀 덜 움직이고 편할 수 있을까'라며 편리와 효율성만 추구하는 요즘 추세와 달리 불편함을 기꺼이 받아들이는 선택이 기윤재 곳곳에 있었다. 도심이 아닌 한적한 지역에 집을 짓고, 평평함보다 층을 통해 공간을 나누어 쉼 없이 몸을 움직이고, 낮은 천장에 맞춰 몸을 낮춰야 하는 다락, 쓱쓱 비질 한 번에 말끔해지는 돌바닥이 아닌 일일이 잡초를 뽑고, 철마다 깎아내야 하는 잔디의 불편함을 감수하는 삶. 인위적으로 조성된 편리의 가치를 추구하는 세상에서 자연의 이치를 따르는 삶을 선택한 그녀가 참 아름다웠다.

어느 날 유치원 선생님이 '장갑은 언제 사용하는 건가요?'라고 작가의 아이에게 물었다고 했다. 질문을 받은 아이는 장갑은 풀 뽑을 때 끼는 것이라고 답했다. 장갑은 추울 때 끼는 것만이 아닌 잡초를 뽑을 때도 사용하는 것이라는 인식은 경험에서 비롯된 값진 정의일 것이다.

잔디 사이에서 쑥쑥 자라는 잡풀을 뽑고, 땀에 젖은 몸으로 자연과 교감하는 것, 풀 한 포기와 만날 수 있게 설계한 이 공간에서 경험은 계속 연결될 것이다. 나는 어떤 삶의 가치로 공간에 살고 있는지, 공간 각각의 쓰임이 있는지, 기윤재에서 머물며 경험하는 나에게 계속 질문을 던졌다.

나의 공간에 바라는 것

책상 정리를 하다가 가죽이 헤져 버린 몰스킨 노트를 발견했다. '2013년 10월의 마지막 날에 이 노트의 첫 페이지를 채워 본다. 내가 좋아하는 것을 찾기 위해, 그것을 하기 위해, 머릿속에 있는 것을 구체화, 현실화하기 위해'라고 쓰여 있다. 벌써 11년 전 기록이다. 좋아하는 것에 대한 나열과 함께 '사람들에게 힐링을 주고 가치 있는 일을 하고 싶다'라고 끄적인 메모가 보인다.

난 공간이 있었으면 해. 그 공간에 차가 있고, 커피가 있고, 메를 들면 일본의 '숲의 시계' 가게 같은 신세, 음악이 있고 사람이 있고.

편안하고 안정감이 느껴지는 공간에서 경험을 통해 사람들이 치유되면 좋겠다는 생각은 늘 해왔던 화두였던 것 같다. 하지만 새로운 공간이 전제되어야 한다는 생각에 늘 현재가 아닌 미래의 바램으로 적어 두었다. 하고 싶다는 막연한 생각은 행동의 문지방을 넘지 못했다. 장은진 작가는 "현관의 문지방을 넘는 순간, 선택의 발자국이 찍히고 로망은 현실이 되었다"라고 표현했다. 나는 언제쯤 로망을 현실로 만들 수 있을까, 그녀가 불안과 실패의 가능성을 기꺼이 감싸안고 집을 지으며 자유로웠던 것처럼, 나도 집을 통해 자유로워지고 싶다는 열망이 가득해졌다.

당장 집을 짓는 선택을 할 수 없다면 우선 지금 있는 공간부터 자세히 바라보자. 아파트형이라 내가 바꿀 수 없는 구조다. 어쩔 수 없이 받아들여야 하는 환경이라면, 공간에 의미를 부여해 보자. 지금은 정형화된 공간에 이삿짐센터가 넣어 준 그대로 가구와 물건들이 배치되어 있다. 살면서 바꿔야지 생각했지만, 실상은 녹록지 않았다. 아이가 태어나고 물건들은 기하급수적으로 늘었다. 가만히 살펴보니 물건들이 삶의 공간을 압도하고 있었다.

그럴싸하게 치장한 내 겉모습과 물건 보관소 같은 공간의 모습이 대조되어 보인다. 바꿀 수 없다고 포기하지 말고 지금 환경에서 할 수 있는 구조로 바꾸어야 한다. 물건의 집합처가 아닌 삶의 양식이 담길 수 있는 공간으로 바라봐야 한다. 버릴 물건은 과감히 버리고, 가족이 각자의 공간에서 편안함을 느낄 수 있도록 공간 설계자이자 실행자가 되어야 한다. 기윤재의 불안을 넘어서는 문지방(현관), 빛의 산책로(창문), 정주의 말뚝(문패), 너와 나의 별세계(다실), 별 헤는 밤(옥탑방), 머리와 가슴의 시가 흐르는 공간(책장)에서 보았던 것처럼 집의 공간들이 각각의 자리에서 제 역할을 할 수 있어야 한다. 그곳에 머무는 나와 가족이 함께 공유하도록 돌아봐야 한다. 집은 삶을 반영하고 삶에 영향을 주니까 말이다.

'공간에 삶의 가치가 담겨 있는가'

　장은진 작가의 '당신은 어떤 공간에 살고 있나요?'라는 질문은 '당신은 어떤 사람인가요?'라는 질문으로 다가왔다. 물리적인 공간에 쌓인 물건들과 내 머릿속 공간의 잡념들을 정리해야 한다. 우선 물건 배치를 다시 하고 쌓인 것들을 정리해야겠다. 물리적인 공간의 비움처럼 내면에도 비움이 필요하다.

　알랭 드 보통은 『행복의 건축』에서 "건축의 의미에 대한 믿음은 장소가 달라지면 나쁜 쪽이든 좋은 쪽이든 사람도 달라진다는 관념을 전제로 한다."라고 말했다. 내가 누구인지 내면에 기울였던 시선을 시각화하여 삶의 가치를 담은 공간을 만들어 보자. 삶의 양식을 공간에 담을 수 있듯, 공간이 내 삶의 양식을 바꿀 수도 있기 때문이다. 삶의 가치를 담은 공간을 천천히 만들어 가고 싶다.

"추상이 아닌 구체로 삶이 기획되는가"

삶이 두렵고 불안하게 느껴질 때가 문득 있다. 마흔 중반의 구간을 넘어가면 꽤 초조해진다. 모르면 안 된다는 두려움과 긴장감, 무엇이든 하면서 채워야 한다는 강박 속에 구입한 책은 쌓여만 간다. 책을 읽고 유튜브 강연을 보지만, 타인의 통찰일 뿐 나의 것이 아니다. 추상적이고 관념적이라 나의 것으로 체화되지 못한 느낌이다. 어떻게 하면 원하는 삶을 구체적으로 그리고 살아갈 수 있을까?

추상에서 구체로, 관념에서 실체로, 보통명사에서 고유명사로 살기 위해서는 쓰기 위한 읽기를 해야 한다고 말하는 사람이 있다. 그는 매일 아침 누군가의 이름을 불러 준다. 우리 모두를 '삶의 작가'라 일깨워주며 오늘도 각자의 삶을 쓰는 작가가 되라 응원해 준다.

매일 아침 7시 30분. 이정훈 대표는 온라인 강연을 30분 동안 진행한 후, 강연 말미에는 참석한 사람의 이름을 붙여 일일이 '○○○ 작가님'이라 호명한다. 처음 들었을 때는 '작가님'이라는 호칭이 뭔가 민망하고 어색했다. 하지만 매일 듣다 보니 한 분 한 분 이름이 호명될 때, 나도 모르게 귀를 기울이게 된다.

"엄마 이름이 나왔어! 임영하 작가님이래."

어느 날 등원 준비를 하며 밥을 먹던 아이가 엄마의 이름이 들린다고 반가워한다. "근데 엄마가 작가야?"라고 묻는다.

"네, 엄마는 작가지요. 우리 배서윤 님도 작가랍니다. 우리는 모두 내 삶을 쓰는 작가예요. 오늘 하루도 멋지게 만들어 가봐요."

아이는 알쏭달쏭한 표정이었지만 환한 웃음을 짓는다. '내가 그의 이름을 불러 주었을 때 그는 나에게로 와서 꽃이 되었다'는 김춘추의 시 '꽃'의 구절처럼 서로의 이름을 불러 존재의 의미를 완성하는 순간이었다.

매일 '삶을 쓰는 작가'라면 어느 정도의 삶의 무게를 쓰게 될까?

"우리는 모두 삶의 작가입니다. 보이지 않는 에어페이지면, 오늘, 오늘 나의 삶을 쓰는 작가가 되세요. 종이 한 장이 4그램입니다. 100일이면 400그램, 100일 동안 한 장씩 글을 썼다고 했을 때 400그램으로 늘어난 종이 뭉텅이는 지금까지 느껴본 적 없는 질량의 감동이 될 것입니다."

365일 동안 한 장씩 쓴다면 총1,460그램이다. 1년에 14.6킬로그램. 상당한 무게로 증명이 된다.

보이지 않는 것을 구체화해서 알려주는 사람, 이정훈 대표는 '책과강연'이라는 출판 기획 회사를 운영한다. '책과강연'은 7년 전 무자본으로 시작한 회사였다. 2017년 12명의 연구생으로 시작해 지금은 300명이 넘는 연구생들이 거쳐 갔다. 그는 자신의 회사를 단순히 책 쓰기 커뮤니티가 아닌 '개인의 강점을 찾고 단기적으로는 1년, 중기적으로는 3년 이내 자기 비즈니스를 찾아 시장에 안착시키기 위한 전략을 설계하는 곳'이라고 정의한다.

이정훈 대표를 직접 만난 것은 책과강연에서 하는 백일백장 프로그램에 참여하면서부터였다. 당시 글을 쓰고 싶었던 나에게 지인이 추천해 주었다. 매일 100일 동안 글을 쓰고 인증하는 프로그램에 도전해 보라고 했다. A4 용지 한 페이지 분량의 글을 100일 동안 지속한다는 것은 쉽지 않았다.

하나의 콘셉트로 글을 써나가면 좋겠다고 생각했던 나는 '100일 동안 나를 인터뷰하다'라는 타이틀로 글을 써나갔다. 매일 나에게 질문하고 답하는, 스스로를 100일 동안 인터뷰하는 내용이었다. 나의 고민과 문제를 찾고 해결하는 과정을 '쓰기'라는 노력으로 풀어냈다. 돌이켜보니 나와의 대화로 삶의 중심을 잡아갔던 중요한 시점이었던 것 같다.

100일 동안 400그램의 A4 용지들이 쌓였다. 작성한 글은 자정 12시 전에 블로그에 올려 인증해야 했다. 마감 직전 아슬아슬 올리는 순간도 있었지만, 하루도 빠짐없이 글을 작성하여 완주했다. 백일백장을 완주한 사람을 대상으로, 희망하는 경우, 출판을 위한 연구생으로 등록할 수 있었다. 완주자 특전으로 등록비의 50%를 할인해 주는 혜택도 있었다. 당시에는 당장 책을 내야겠다는 생각이 없어서 고민했지만, 글을 쓰는 삶을 살고 싶다고 생각한 뒤에는 완주를 함께한 동기생들과 책과강연 사무실을 방문했다.

대면으로 처음 만나게 된 이정훈 대표, 매일 줌에서 누군가의 이름을 작가로 불러 주는 사람을 가까이 보니 반갑기도 하고 흡사 연예인 같아 설레기도 했다. 하얗고 뽀얀 피부, 안경 너머의 눈이 반짝여서 광채가 난다고 해야 할까, 고생 한번 안 했을 것 같은 외모였다. 자신감이 묻어나지만 겸손한 화법, 다정하지만 단호한 말투, 친절하지만 날카로운 시선이 담긴 질문, 낯을 가리는 것 같지만 호기심으로 뚫어지게 상대를 바라보는 강렬한 눈빛이 인상적이었다. 대화를 하면 할수록 진실된 마음을 담아 소통하는 분이라는 느낌이 들었다. 안심하고 연구생 등록 계약을 했다.

궁금해졌다. 이 분은 어떤 분일까. 알고 보니 이정훈 대표의 본업은 따로 있었다. '중앙 의전 기획'이라는 대한민국 상위 1% VIP의 장례를 기획하는 장례 기획사의 대표였다. VIP 장례 설계 비즈니스를 시작했던 당시 이정훈 대표의 나이는 스물여덟이었다. VIP 장례의 모든 것을 관장하는데 장례식뿐 아니라 영결식, 안장식, 추모 영상 기획 등을 포함하여 죽음 이전부터 VIP 인생의 전반을 조사하고 공부한다고 했다. 그는 대기업 총수, 대학 총장 등 정·재계 유명 인사들을 대상으로 장례를 기획했다. 경찰청의 순직 경찰 영결식과 세월호 정부 공식 합동 분향소 뒤에는 이정훈 대표가 있었다.

　매일 죽음이라는 것을 생각하고 장례를 설계하는 사람, 아무개를 '○○○ 작가님'이라는 호칭으로 불러 주는 사람, 삶의 문제가 무엇인지 진단하고 비즈니스 코칭을 통해 책의 방향과 비즈니스 기획을 설계하는 사람, 평범한 사람이 가진 가능성을 꺼내 '강연'이라는 무대에 올려 그 사람만의 인생을 연출할 수 있게 만드는 사람.

　호기심이 생겼다. 온라인 서점에서 이정훈 대표가 저술한 책을 몇 권 주문하였다. 그중 눈길을 끈 것이 『불리한 청춘은 있어도 불행한 청춘은 없다』라는 책이었다. 굴곡 없는 인생을 살았을 것 같은 외모와는 달리 불공평한 출발점에서 시작해 인생 역경을 개척해가며 살아온 청춘의 이야기가 담겨 있었다. 가난한 이십 대와 고난으로 둘러싸인 삼십 대를 보내면서 척박한 인생의 구간을 살아낸 이야기. 대형 상조회사의 틈바구니에서 아무도 주목하지 않았던 VIP 장례 기획을 온 힘을 다해 비즈니스로 만든 이야기. 남의 시선에 전전긍긍하는 피곤한 삶에서 벗어나 자유로운 인간으로 살아온 여정이 담겨 있었다.

　그는 스물두 살 젊은 나이에 1997년 외환위기로 인해 수억 원에 달하는 부모님의 빚을 떠맡았다. 돈을 벌기 위해 무작정 일본으로 떠났다. 일본에서의 생존 경험에서 가장 감동했던 것은 전

단지를 돌리며 어렵게 돈을 벌던 때의 에피소드였다. 밥값이 없어 밥 대신 열량 높은 콜라로 한 끼를 때우고 다시 일어나 전단지를 돌리는 작업을 계속했다. 뱃가죽이 쪼그라드는 공복감, 이틀을 굶은 뒤 배고픔을 견디다 못해 햄버거 가게에 들어가 남긴 음식을 슬쩍 가져다 먹었다. 입을 대기 전에는 비참하고 부끄러웠지만, 막상 한입 베어 먹으니 눈물이 날 만큼 맛있었다.

정직한 희열, 사람들이 말하는 '인생 바닥'이라는 절망의 순간 느꼈던 것이 바로 '가식 없는 행복'이라고 그는 말했다. 최소한의 자존심을 스스로 깨뜨릴 수밖에 없는 상황, 인생의 밑바닥을 경험한 그것을 '축복'이라 표현했다.

배고픈 길을 걸어 본 사람만이
겨울을 대비하는 지혜를 갖게 되고,
외로움을 겪어본 사람만이 사람의 소중함을 깨달으며,
길을 잃어 본 사람만이 명확한 목표의 중요성을 알게 된다.
결국 모든 것은 경험이다.

『불리한 청춘은 있어도 불행한 청춘은 없다』 중에서

힘든 시간을 보냈지만 한 순간도 지난 삶이 불행했다고 생각하지 않는다는 그의 태도에 절로 존경심이 들었다. 그는 생각은 짧게 하고 행동은 즉시 한다. 언제든 실패할 수 있다는 가능성을 전제하고, 결과에 대해 반드시 반성의 시간을 갖는다. 실패를 두려워하지 않는다. 두려움은 낯섦에서 시작된 것이라, 배우고 익히면 된다고 생각했다고 한다.

삶이 절망스럽고 포기하고 싶다는 생각이 들 때 이 책을 한 번씩 꺼내 봐야겠다는 생각이 들었다. 내면의 목소리를 따라간다면 우리의 청춘은 절대 시들지 않을 것이라 확신한다는 태도, 말이 아닌 행동으로 실천하고 삶의 결과로 증명해 온 삶을 읽다 보니 흐트러진 마음의 자세를 곧추어 세우게 되었다.

세상에는 평범한 것은 없다.
삶을 평범하게 생각하는 사람이 있을 뿐이다.
평범함과 비범함의 차이는
자신의 인생을 스스로 존중하는 태도에 의해 결정된다.

『불리한 청춘은 있어도 불행한 청춘은 없다』 중에서

목적 있는 책 읽기와 쓰기

막연한 두려움이 있다. 나의 선택이 실패로 끝나지 않을지, 무엇인가 하고 싶어도 과연 내가 할 수 있을지에 대한 두려움, 때론 무엇인가 하고 싶다고 말은 하지만 치열하게 하고 싶지는 않다는 마음 뒤에 숨었다. 늘 시간이 없고 부족해서 못한다고 핑계를 댄다. 이정훈 대표는 이런 나에게 이런저런 이유로 피하지 말고 '생각은 짧게 하고 바로 실행하라'고 일깨운다.

"그래, 언제까지 나의 부정에서 나 자신을 미워하지 말자."

미루고 미뤘던 글쓰기를 시작했다. 업무가 너무 바쁘기도 했고, 퇴근 뒤 집안일을 하고 아이를 돌보다 보면 시간 내기가 어려웠다. 짬 시간이 생겨도 피곤해서 잠들기 바빠 글을 쓸 시간이 없다는 것이 핑계였다. 글을 쓰는 데 있어 가장 어려운 점이 무엇이냐라는 질문에 '글을 쓸 시간이 없어요'라고 지속적으로 대답하는 나를 발견하고 어느 날은 말꼬리를 흐렸다.

'정말 시간이 없는 것일까, 글쓰기를 위한 시간을 계획하지 못한 것일까'

부끄러운 마음이 들어 아무튼 핑계대지 않기로 했다.

새벽 5시에 일어나는 계획을 구체적으로 세웠다. 그러기 위해선 되도록 일찍 잠들어야 했다. 밤 11시 전에는 잠자리에 들고, 핸드폰으로 SNS나 드라마를 보지 말자는 기준을 정했다. 새벽에 일어나서 가장 먼저 해야 할 1순위를 '글쓰기'로 목표를 명확하게 정했다. 기상 후 책상에 앉아 한 장 한 장 조금씩 채워갔다. 추상적으로 막연하게 글을 써야지가 아니라 '매일 5시에 일어나 가장 먼저 해야 하는 일은 글쓰기'로 구체적으로 계획을 세우니 행동하게 되었다.

막연함이 아닌 구체적으로 기획하는 습관을 지니면서 책을 읽는 방법에도 변화가 생겼다. 불안한 마음에 이 책 저 책 떠돌며 읽는 다독이 아니라 글을 쓰면서 필요한 책을 골라서 읽기 시작했다. 사실 어렸을 때부터 책을 좋아하던 나는 읽는 것도 좋아하지만, 책을 쌓아두고 바라보는 것도 좋아한다. 지금도 읽고 싶은 책, 읽어야 할 책을 사는 데 망설임이 없다. 온라인 서점에서 바로 구매하기를 누르는 빠른 실행의 손가락은 칭찬할 만하지만, 책장에 꽂아 두고 뽀얗게 쌓인 먼지만 닦는 모습은 어딘가 잘못되어 있다. 이정훈 대표의 『쓰려고 읽습니다』를 읽으면서 뜨끔했다. '읽지 않을 책을 기분에 이끌려서 사면 유흥이다. 쇼핑하듯 책을 사고 곁에 쌓아두고 다독에 대한 환상을 갖는다면 차라리 읽지 않는 것이 낫다. 불안이 깊어질수록 이 책 저 책 떠올리게 된다. 생각 없이 읽는 독서에서 느끼는 포만감은 위장된 자기기만.'이라는 문장을 읽으면서 목표를 잃고 헤매는 나를 발견했다.

명확한 목적과 목표가 없으니 책을 읽으면서도 자기중심이 없었던 것이다. 타인의 시선으로 재단되는 '을의 삶'을 살기 싫다면 나만의 개성과 뚜렷한 목표를 알아야 한다. 앞으로 어떤 일을 해야 할지 불안해하는 나에게 이정훈 대표의 말은 길을 찾는 부표와 같았다.

"저는 삶을 두 바퀴로 굴러가는 자전거라고 생각합니다. 앞바퀴는 먹고 살기 위해 굴리는 바퀴이고, 뒷바퀴는 자신의 존재를 위한 바퀴입니다. 앞바퀴는 목표이고 뒷바퀴는 목적입니다. 목적인 앞바퀴는 '무엇을 이룰 것인가'를 묻는 현실의 의지이고, 목적인 뒷바퀴는 자신이 이룬 것을 통해 '어떤 존재가 되고자 하는가'를 묻는 미래 자화상입니다. 보통 은퇴한다고 할 때 단지 직업을 내려놓는 것인데 안타깝게도 평생 쌓아온 경험과 지식까지 함께 은퇴시켜 버립니다. 작가님은 지금 은퇴를 할 나이는 아니지만, 주의할 점은 평생을 잘 길들인 앞바퀴를 절대 함부로 버려서는 안 됩니다. 지금까지 해 왔던 것을 버리지 마세요. 작가님 인생의 목적과 목표를 생각해 보세요."

목적 없는 방향은 방황이고, 방향 없는 목적은 허상이다. 진정 변화를 바란다면 인생의 목표와 목적을 딱 떨어지게 설명하는 자신만의 문장을 지녀야 한다.

"작가님이 지금의 자리에 있게 한 것들은 무엇이 있을까요?"라는 질문으로부터 이 책이 시작되었다. 아침 시선, 차, 책, 연결되어 만난 사람들이라는 키워드로부터 나의 중심을 잡아 온 것들과 경험을 꺼내어 글을 쓰기 시작했다. 글을 통해서 나를 설명하는 문장을 담은 책이라는 물성을 빨리 만들고 싶었다. 하지만 글을 쓰면서 스멀스멀 숨고 싶은 자신감 없는 내가 나타났다. 굳이 왜 책을 쓰려고 하는지, 글을 쓸 자격이 있는지에 대한 자기 검열의 마음과 마주했다. 인생의 문제를 풀기도 전에 달아나고 싶었다. 불확실한 미래보다 안정된 지금에 머물러 쉬고 싶기도 한 나는, 스스로에게 '현실에 안주해도 괜찮다'고 속삭이기도 했다. 하지만 문제를 직시하고 숨기지 말아야 함을 누구보다 잘 아는 나였다. 안정적인 직장 생활이 영원하지 않다는 것을 말이다. 잘하는 일과 좋아하는 일, 먹고 살기 위해 굴리는 앞바퀴와 자신의 존재가 되기 위한 뒷바퀴에 대한 스스로의 생각 정리와 실행이 필요함을 말이다.

논리적인 사고, 창의적인 사고는 배워서 얻는 게 아니라 문제 해결 과정을 반복적으로 경험하면서 저절로 터득하게 되는 것이라고 이정훈 대표는 이야기했다. 앞으로 무엇을 해야 할지 불안하고, 방황하는 나의 중심을 잡기 위해 시작한 책 쓰기는 목적을 갖고 나의 잠재력을 끌어올리는 일이 되었다. 목적 있는 글쓰기는 삶의 불안, 불편, 불만족스러운 지점을 찾아내서 쓸거리를 얻었다. '글은 완벽보다 완주가 중요하다'는 말을 되새기며 자기 검열을 이겨내고 삶을 드러내는 용기를 가지려 했다.

쓰는 인간은 고민하는 인간이다. 켜켜이 쌓인 내 삶의 문제를 찾기 위해서는 쓰기가 필요하다. 이정훈 대표가 이야기한 것처럼 밖으로 표출된 문제를 풀기 위해서는 읽기도 필요하다. '쓰기 위한 읽기'를 하면서 조금씩 삶을 구체화하고 있다. 무엇을 해야 할지의 막연함보다 구체적인 문제를 직시하고, 해야 한다고 생각했던 것을 하나씩 실제 행동으로 해 본다. 그렇게 경험한 것으로부터 다시 나 자신을 추상에서 구체로 증명하며 살아갈 것이다. 남이 말하는 정답을 찾아 헤매는 인생이 아닌, '쓰기 위한 읽기'로 바라보는 나만의 세계를 믿을 것이다. 남이 나를 설명하도록 내버려두지 않을 것이다. 내가 좋아하고 싫어하는 것이 무엇인지, 무엇을 할 수 있고 할 수 없는지를 타인에게 맡기지 않을 것이다. 타인의 말을 경청하지만, 그들이 나를 규정하지 않게 할 것이다.

나의 중심 잡기, 다섯 번째 질문

'추상이 아닌 구체로 삶이 기획되는가'

깜깜한 방에서 헤매다가 불을 '탁' 켜면 방 안에 있는 것이 한

눈에 보이는 것처럼, 어두운 내면의 불을 밝히자 그제야 깊은 동굴과 같은 내 삶이 보였다. 이제 이 어두컴컴한 공간에 밝은 지혜를 채우는 것은 내 몫일 것이다.

그동안은 새벽 5시, 알람을 듣고 '일어나야 하는데' 생각만 한 뒤 다시 잠드는 삶이었다. 하지만 이제는 알람 소리와 함께 벌떡 일어나기 시작한다. 일어나야 한다고 애쓰는 것은 아직 일어나지 못한 상태에서 다짐하는 소리이다. 일어나겠다는 결심을 하고, 졸리고 피곤하고 더 자고 싶더라도 단숨에 벌떡 일어나야 한다. 그렇게 백일의 시간 동안 평일과 주말을 구분하지 않고, 여행이나 출장 때문에 시간이 없다고 변명하지 않고, 책상에 앉아 불을 켜고 글을 쓰며 읽었다.

해야 한다. 추상이 아닌 구체적인 삶을 기획하고 실행하는 작가로서, 목적 있는 글을 쓰며 책을 읽고 인생의 목표를 실행해 나갈 것이다.

오늘의 나로 살아가고 미래의 나로 존재할 것이다. 오늘의 나로 미래를 만들어 갈 것이다.

여섯 번째 질문

"삶에 커뮤니티가 있는가"

일상의 이동 동선이 집과 회사를 반복하다 보면 익숙한 편안함은 있지만, 프레임에 갇힌 사고와 행동을 하는 것 같다. 늘 비슷한 고민, 주제를 이야기하다 보면 지루하다는 감정에 빠질 때가 있다. 가까운 가족, 친구, 회사 동료와 대화를 나누지만, 오히려 나의 마음을 솔직하게 꺼내지 못할 때가 있다. 새로운 자극과 성장에 대해 고민하고 있을 때 만난 낯선 사람들은 적당한 거리감으로 지금도 인연을 이어가고 있다.

낯선 사람 효과, 느슨한 연결

낯선 공간, 명동의 CGV 영화관 중앙 무대에서 열정적인 남자가 강연을 한다. 주변을 둘러본다. 다 낯선 사람들이다. 하지만 불안하거나 불편하지 않다. 나를 잘 모르는 사람들 사이에 앉아 있지만, 오히려 편안함과 기대감, 긴장감이 묘한 쾌감을 준다.

"낯선 사람 효과라는 게 있어요. 나를 새로운 세상으로 이끌어 주는 건 '친한 사람'이 아니라 '낯선 사람'이라는 이론이에요. 친한 사람과는 이미 모든 걸 공유하고 있으므로 새로운 자극을 받기 어렵죠. 반대로 건너 건너 아는 '낯선 사람'을 만나면 새로운 세계를 엿볼 수 있어요."

영화관에서 열린 '낯선 대학' 입학식. 발표자는 '낯선 대학' 창시자 록담이다. 그는 리처드 코치가 쓴 『낯선 사람 효과』를 기반으로 '낯선 대학'이라는 커뮤니티를 만들었다고 설명했다. 낯선 효과에서는 우리를 둘러싼 관계를 세 가지 개념으로 나눈다. 강한 연결, 약한 연결, 이러한 연결이 생성되는 허브가 그것이다. '강한 연결'은 가족, 친한 친구처럼 끈끈하게 이어진 사이인데, 보통 도움이 필요할 때 강한 연결로 이어진 사람들을 먼저 찾게 된다.

리처드 코치는 '약한 연결'을 강조한다. '한 번 만나 얼굴만 아는 사이, 가끔 연락하지만 아주 가깝지 않은 낯선 사람, 약하게 연결된 인맥'의 약한 연결이 삶을 보다 흥미진진하고 풍요롭고 혁신적으로 만들 가능성을 더 많이 제공한다고 이야기한다.

"내가 무엇나니, 대학? 소개해? 친해요."

반짝이는 눈으로 다 늙은 나에게 대학을 소개하는 사람은 함께 프로젝트를 진행하고 있는 다른 팀의 문차이다. '문차'는 그녀의 별명으로 이름보다 더 자주 불린다. 문차와는 적당한 친밀감으로 업무를 나누는 사이라고 하면 될 것이다. 그녀와 이런저런 대화를 하다가 '낯선 대학'에 대해 이야기를 나누게 되었다. 낯선 대학이 올해 신규로 낯선 대학 크레이티브, '낯선 대학 C'를 만들어 신입생을 모집한다고 했다. 문차는 새로 생기는 학교의 스태프라고 설명했다.

"낯선 대학은 아무나 들어갈 수 없어요. 지원서를 간략하게 써야 하고 선발제도 진행이 되어요. 지원서를 작성할 수 있는 자격은 지인의 추천이 반드시 있어야 해요. 선발 나이는 만 33살~45살로 제한되지만, 어떤 낯선 대학 C의 경우 크레이티브를 추구하는 사람들이 대상자이기 때문에 더 어린 나이도 함께 참여할 수 있도록 제한을 풀었어요. 하지만 같은 회거 사람은 원칙적으로 함께할 수가 없어요. 낯선 회계인수록 더레 관거지 않고, 서로의 스며듬을 더 이겨내고 수 없기 때문이죠.

대학은 피디, 작가, 음악가, 마케터, 예술가, 의사, 변호사 등 다양한 배경의 분들이 모였어요. 우스갯소리로 이야기해요. '내가 살면서 필요한 것들을 여기 커뮤니티에서 다 해결할 수 있구나' 싶기도 하고요. 커뮤니티에 물어보면 안 나오는 게 없어요. 사실 저도 좀 힘들었던 시기가 있었는데 낯선 사람들을 만나면서 활기가 생겼어요. 제가 지원서 설문 링크를 보내드릴게요. 물론 지원한다고 다 된다는 보장은 없어요. 아직 비밀이지만 저는 회사를 이직할 예정이에요. 같은 회사 조건에서 걸리지 않을 기예요."

그녀의 속사포 설명을 들은 며칠 후 설문 링크를 받았다. 지원한다고 다 되는 것이 아니라고 하니 실제 대학입시 지원서를 넣는 것처럼 살짝 떨리는 마음도 있었다. 다행히 반가운 합격 통보를 받았다. 1년 등록금 45만 원, 학기 프로그램, 제도 등의 자세한 안내가 함께 전해졌다. 낯선 대학 크레이티브 학교, 이름만 들어도 재미있을 것 같다. 그렇게 낯선 대학과의 인연이 시작되었다.

낯선 대학 총장, 록담

낯선 대학을 만들 당시 록담은 40대, 15년 차 직장인이었다. 그에게는 늘 떠나지 않는 고민이 있었다. '이대로 괜찮을까? 앞으로 뭐 해 먹고 살지?' 회사에서는 원하지 않는 방향으로 떠밀려 가는 느낌이 들었다. 조직은 쉼 없이 개편되었고, 그에게 주어지는 역할도 줄어들었다. 망설임 없이 사표를 던지고 싶었지만, 그에게는 어린 두 아들이 있었다. 살아남을 길을 찾아야 했다. 회사에서 고립되는 것은 한순간이다. 가장 불안했던 시기, 록담은 대학원에 가고 싶었지만, 등록금도 비싸고 회사와 대학원, 집을 이동하는 시간 등을 고려했을 때 현실적으로 어렵다는 생각이 들었다. 순간 대학원을 만들어 보면 어떨까,라는 생각을 하게 된다.

2016년 1월, 록담은 지인들로 구성된 7인을 모은다. 7인은 각자 지인을 7명씩 초대했고, 총 49명의 신입생을 모았다. 이렇게 모인 것이 '낯선 대학'의 시작이다.

각각 다른 분야의 사람이 모였다. 다양한 배경을 가진 49명이 매주 월요일 저녁마다 모임을 가졌다. 한 주에 두 명이 각각 1시간씩 돌아가며 강의를 했다. 정해진 주제나 형식은 없고 각자 하고 싶은 이야기를 하면 된다. 학기는 3월에 시작해 12월에 끝나고, 최소 본인이 1회 강의하고 7번 출석하면 졸업할 수 있다. 학생회, 조교, MT, 방학, 입학식, 졸업식, 동호회 등 프로그램들이 그럴 듯하다. 그는 낯선 대학을 만든 지 5년 차에 낯선 대학

Y Young, 낯선 대학 C Creative, 낯선 대학 M Marketer을 추가해 총 4개 학교로 확장했다.

록담은 낯선 대학을 만들고 운영하면서 회사를 그만두기 전 새로운 시도를 하게 된다. 월, 화, 수 주 3일만 근무하고 나머지 이틀은 회사 밖에서 다양한 활동을 할 수 있도록 회사와 새롭게 계약했다. 이틀간의 자유를 얻는 대신 포기해야 하는 것들도 있었다. 정규직이라는 타이틀, 매월 들어오던 월급의 일정 부분, 복지제도였다. 그 대신 외부에서 공식적으로 활동하며 겸직할 수 있는 자유를 얻었다. 그는 자유 시간 동안 다양한 사이드 프로젝트를 운영한다. 문어발식 출근으로 그는 매일 다른 일터에서 일한다. 오늘은 명동, 내일은 판교, 모레는 홍대, 글피는 여의도. 두 발로 다양한 지역을 종횡무진 누빈다. 1년간 잠깐씩 거쳐 간 일터만 줄 세워도 열 손가락이 넘는다고 했다. 카카오엔터프라이즈, LG경영연구원, MKYU, 스타트업 프립, 페이지 명동 등 다양한 기업에서 근무하고 커뮤니티 비즈니스를 만들어 갔다.

현재 그는 인사이트 트립을 기획, 가이드하는 인사이트 투어 프로그램을 진행하고 있다. 약 3~4시간 정도 성수, 서울숲과 뚝 섬, 삼청 및 안국, 연남 등 서울의 힙한 로컬을 여행하듯 안내한다. 이와 같은 원데이 투어를 생각하게 된 것은 『퇴사 준비생의 도쿄』라는 책을 읽고 2박 3일간의 투어 프로그램에 참여하면서 부터였다. 좋은 경험이 콘텐츠가 될 수 있다는 인사이트를 얻은 후 프로그램을 기획했다. 초반에는 개인별 신청이 주를 이뤘는데 점차 많은 기업이 참여하고 있다고 했다. '여행이라서 즐겁고 배움이 있어 의미 있는 로컬 투어', 록담은 어디든 기발한 판을 까는 타고난 기획자인 것 같다.

낯선 대학을 만들어 운영한 지 어느덧 8년 차가 된 지금, 정작 그는 나이 제한 때문에 낯선 대학에 참석하지 않고 있다. 현재는 낯선 대학을 졸업한 사람들을 모아 서로 도움이 필요할 때 요청할 수 있는 커뮤니티, 세미나 등을 기획하여 커뮤니티 비즈니스를 확장해 가고 있다.

록담은 늘 공부한다. 시대의 흐름에 뒤처지지 않기 위해 매일 매일 열심히 산다. 공부한 것은 어떤 형태로든 다른 사람에게 알려 주려 한다. 이렇게 커뮤니티 연구를 통해 함께 공부하고 나누면서 본인의 영향력도 키우고 자연스럽게 인맥을 넓힌다.

'낯 C'에서 연결되는 사람들

내가 입학한 '낯선 대학 C'에는 크레이티브를 추구하는 모임의 특성상 문화 공연 기획자, 가수, 공예 작가 등 예술 분야에서 일하는 분이 많았다. 입학식을 하고 함께 뒤풀이하는 자리로 이동했다. 스태프의 준비가 세심하다고 느꼈던 것은 식사할 때 앉을 자리를 미리 지정해 주었다는 점이었다. 어느 테이블에 앉을지 고민하지 않아도 되니 일단 마음이 무척 편했다. 자리 배정은 사는 곳이 가까운 사람끼리 그룹을 만들었다고 했다. 거주지가 비슷하면 대화 소재도 많고, 번개 모임 등 소모임이 활성화될 수 있기 때문이다. 처음엔 갸우뚱했는데 결론은 적중했다. 낯선 대학을 졸업하고 계속 만나는 친구들은 식사를 함께한 테이블의 사람들이었다. 나이대도 한두 살 차이이고, 서로 일해 온 환경은 다르지만 경험하고 고민하는 것이 비슷해 서로의 상황을 더욱 잘 이해할 수 있었고, 공감하며 위로도 되었다. 우리는 서로를 '우아한 친구들'이라 부르며 점차 친해졌다.

입학식 환영 식사를 할 때 같은 테이블 바로 옆에 앉았던 정혜와 같은 날 발표를 하게 되었다. 낯선 대학에서는 각자 강의를 준비해서 발표하는데, 순서는 제비뽑기로 한다. 민간 문화재단인 수림 문화재단에서 예술가를 발굴하고, 다양한 문화 전시를 기획하는 정혜와 드라마 피디를 그만둔 후 8명의 사장과 '십분의 일' 와인바를 만든 현우 님과 발표하게 되었다. 보통 발표 장소는 발표자가 정하는데, 정혜가 수림 문화재단 공연장에서 진행이 가능하다고 했다. 덕분에 우리는 200명 객석을 수용하는 꽤 큰 공연장에서 발표하게 되었다.

어두운 공연장에 하이라이트 조명이 켜졌다. 무대에서 바라보는 객석에는 30명 정도의 낯선 대학 동기들이 드문드문 앉아 있었다. 마치 만석처럼 꽉 차 보였다. 발표 전 떨리기는 했지만, 막상 마이크를 잡고 이야기를 시작하니 담담해졌다. 이야기에 집중해 주는 낯선 대학 동기들의 따뜻한 시선이 느껴졌다. 일상의 중심이었던 '아침 시선'과 배움에 관한 발표를 마쳤다. 박수 소리가 공연장을 가득 메운다. 그때 느꼈다. 많은 객석의 시선보다 소수일지라도 진정성 있게 공감해 주는 시선이 중요하다는 것을 말이다. 회사에서 고립되고 인생에서 표류됐다고 생각될 때, 낯선 사람들이 모인 커뮤니티에서 지혜를 나누며 일상을 위로하는 순간이었다.

'우아한 친구들'은 낯선 대학 C를 졸업한 뒤 가장 자주 만나 고민을 나누는 친구들이다. 용미 언니, 현조, 정혜 그리고 나 이렇게 4인방은 수림 문화재단에서 발표한 후 우정이 깊어졌다. 다들 척하면 척이다. 주절주절 많이 설명하지 않아도 어떤 상황인지 재빨리 알아주고 공감해 준다.

회사에서의 인간 관계, 리더십, 커리어, 커뮤니케이션에 대한 고민뿐만 아니라 연애, 육아, 건강, 인생 방향 등 늘 만나면 이야기 나눌 것이 많다.

우리끼리 조찬 클럽이라는 모임을 만들었다. 다들 공사다망하므로, 주로 주말 아침, 일찍 만나고 일찍 헤어진다. 이른 아침문 여는 카페가 없어 가장 만만한 스타벅스로 향한다. 7시 30분에 만나 각자의 근황 토크를 하고, 앞으로 우리가 어떤 일을 하면 좋을지 커뮤니티 방향성에 대해서도 아이디어를 나누었다.

오전 11시 정도 되면 깔끔하게 해산한다. 육아해야 하는 사람은 집으로, 주말 트렌드 캐칭 등의 업무를 할 사람은 다음 장소로, 일주일간의 피로를 풀기 위해 마사지를 받으러 갈 사람은 마사지숍으로, 각자의 라이프스타일에 맞게 일정을 기획한다.

만나자마자 깔깔깔 웃음이 난다. 조기 등산 모임도 아닌데 새벽 6시 30분부터 구릉산 근처 작은 캠핑장으로 향하는 계단 앞에 모였다. 알록달록한 등산복을 입은 나이 지긋하신 분들이 힐끗 우리를 보고 올라가신다. 이날은 우리 아파트 단지 옆에 있는 캠핑장으로 올라가서 모임을 하기로 한 날이다. 함께 차를 우려 마시기 위해 간단한 차 도구를 챙겼다. 미리 말도 안 했는데 정혜는 물이 부족할까 싶어 보온병을 챙겨오고, 다른 친구들도 각자 알아서 간식거리를 챙겨왔다.

약 1.5킬로미터 정도 되는 10분 남짓의 가벼운 등산 코스의 캠핑장으로 올라갔다. 이곳은 우연히 산책하다 발견한 곳인데 몇 번 혼자 아침 일찍 올라와서 차를 우려 마셨던 곳이었다. 다들 한번 와 보고 싶다고 해서 우아한 친구들의 모임 장소로 채택되었다.

고요한 산속 테이블에 옹기종기 앉았다. 챙겨 간 녹차, 우롱차를 우려내어 마시고 가볍게 간식을 나눠 먹으며 근황 토크를 했다. 이른 아침 공기는 상쾌하고, 푸릇푸릇한 나뭇잎의 움직임은 경쾌했다. 핸드폰으로 틀어 놓은 음악과 새소리가 어우러진 멜로디가 아름답다. 다양한 리더십 평가 툴을 배운 현조가 리더십 평가지를 가져왔다. 주말 새벽 캠핑장에 모여 리더십 유형 평가라니, '참 우리도 유난이다' 싶어 웃다가도 이내 진지하게 설문지에 응답했다. 평소 추진력 있고 명확한 현조답게 우리의 유형을 명쾌하게 설명해 준다.

조금씩 비가 내렸다. 우리는 짐을 챙겨 내려와 바로 아래에 있는 카페에서 브런치를 먹으며 이날의 모임을 마무리했다. 오전 10시 30분에 해산, 바쁜 중에도 틈을 만들어 만나는 우아한 친구들의 대화는 삶에 많은 의지가 된다.

낯선 사람으로 만나서 적당한 거리감으로 내밀하고 친밀한 우정을 쌓아가는 친구들, 같은 연령대의 여성 리더들이 서로 응원하고 힘낼 수 있도록 돕는 커뮤니티로 확장하기 위해, 느리지만 조금씩 구체화해 가고 있다.

나의 중심 잡기, 여섯 번째 질문

'삶에 커뮤니티가 있는가'

인생이 정체된 것처럼 느껴지는 시기가 왔다면, 비슷한 고민을 하는 낯선 사람들을 만나라고 권하고 싶다. 낯선 환경, 낯선 사람, 낯선 상황에 놓일 수 있도록 판을 바꾸어 보는 것이다. 낯설지만 유사한 관심사를 이야기할 수 있는 커뮤니티에서 소통하다 보면 자신을 발견하는 데 도움이 된다.

『홀로 성장하는 시대는 끝났다』의 저자이자 커뮤니티 리더십 전문가인 마이크로소프트 이소영 이사는 이 시대에 필요한 사람은 바로 커뮤니티 리더십을 갖춘 사람이라고 말했다. 늘 공부하여 공동체의 성장을 이끌고, 더 많이 봉사하고 섬기며, 나만의 이익이 아니라 인류에 공헌할 수 있는 일에 앞장서는 리더십을 실행하는 사람이 되고 싶다.

'어떤 방향으로 주도하는 삶을 살고 싶은지, 나의 삶에 필요한 커뮤니티는 무엇인지, 스스로는 어떤 커뮤니티를 만들고 싶은지', 사람들과 나누고 싶은 지식과 지혜를 공부하고, 좋은 영향을 공헌하는 삶을 살아가기 위해 꿈을 구체화해 본다.

"기울지 않는 마음으로 살아가는가"

억울한 마음이었다. 당시 나는 계속 위로 올라가야 한다고 생각했다. 소위 잘 산다는 것, 잘 나간다는 것에 대한 사회적 선망이 가득하여 그만큼 내가 처우를 받지 못하고 있다는 생각이 들었다. 남이 하니까 나도 해야겠다는 불안함으로 쫓아가고 있었다. 온 힘을 다해 긴장했다. 그 긴장이 다시 나를 긴장시켰다. 내가 따라야 하는 것과 지켜야 하는 것은 무엇일까? 피라미드 구조의 삼각뿔의 정상으로 올라가는 것은 어렵다. 하지만 위로 올라간 사람들을 보면 내려오는 것은 한순간에 무너지는 모래성과 다를 바가 없다. 그럼에도 포기하면 패배자가 되는 것 같았다. 사회에서 인정받는 무리에 들고 싶었다.

이런 나에게 '본디 본성이 소박했으니 물들지 말고 차를 마시며 이기심과 욕심을 버리는 연습을 하라'고 말하는 스승을 만났다. 차를 통해 매일 새로워지고, 새로워지면 마음에 눈을 뜨게 되고, 이기심과 욕심을 버릴 수 있다고 했다. 차의 정신은 '중정, 어느 한쪽으로 치우치지 않는 올바름을 실천하는 수행'이라고 늘 일깨워 주었다.

자연으로 돌아가는 길 위에서, 정동주

회사에서 떠밀려 가는 느낌과 억울한 마음이 가득한 때였다. 한 강의실을 찾았다. 차의 맛, 종류 등 기술적인 것이 아닌, 깊은 '차 인문학'을 배울 수 있다며 차벗 지현이가 소개해 준 곳이다. 억울하다고 생각하는 내 마음 뒤에는 기대하는 마음이 있었다. 타인의 시선이 신경 쓰이고, 더 위로 올라가는 것이 옳다고 생각하는 편향된 믿음이 있던 터였다. 겉으로 티 내지 않으려고 애써 웃었지만, 상처받은 마음으로 강의실에 앉아 있었다.

"겉을 꾸미는 것이 아닌 자신의 안을 응시하시게. 그래야 늘 맑고 깨끗해질 수 있다네. 조급증이 나서 빨리 걷고 싶을 때는 멈춰 서시 왜 걷는지를 스스로 물어야 하네. 나의 내면을 응시하면서 고요하게 사유할 수 없다면 내 바깥 풍경들에 대한 관조와 환단도

　　마음에 한 줄기 빛이 비치는 듯 했다. 고개를 들어 한마디 한마디 집중하며 메모를 해나갔다. 억울한 마음을 헤아리는 데 시간을 보내지 말라 했다. 기쁨과 슬픔에 과하게 치우치지 않는 삶을 사는 것이 중요하다고 말하는 정동주 선생님을 만났다. 선생님의 이야기를 듣고 있으면 내 안의 숨겨 두었던 욕심 찌꺼기와 만나게 되어 늘 부끄러웠다.

　　누구나 다 그러하듯 두려움이나 걱정 없이 앞만 보며 달려왔다. 앞서 성공한 사람의 기준과 길을 따랐다. 속도를 내라며 더 빠르게 자신을 채근했고, 반드시 가야 한다는 길을 쫓아 빨리 도달하려 했다. 달리던 나는 급브레이크를 밟는다. 정동주 선생님의 강의를 듣거나 책을 읽을 때마다 나는 달리던 발을 멈추었다.

　　느림의 시간이 흐른다. 주변이 보인다. 내 앞에는 낭떠러지가 있었다. 주춤하며, 달려온 길을 돌아보다 창문 밖 풍경이 보이는 곳에 앉는다. 차창 밖으로는 나무에 새순이 올라오고 있다. 흔들리는 바람에 먼저 자란 여린 잎사귀가 반짝인다. 생경하다. 내가 바라봐야 하는 대상과 방향은 무엇인가? 전력 질주하다 멈춘 나의 내면과 마주하였다.

내면의 내가 나에게 질문을 해 온다. 머리가 지진이 난 것 같이 지끈거린다. 의심 없이 믿었던 삶의 기준이 흔들린다. 통제할 새도 없이 두 눈에 눈물이 흘러내린다. 부여잡고 있었던 욕망이 부질없게 느껴졌다. 창피함보다 때를 벗긴 시원함의 감정이 가슴 속에 차올랐다. 깨끗하게 나를 씻어내는 것 같다.

시간이 허락될 때마다 선생님의 강의를 들으러 발길을 향했다. 나의 마음이 어떤 상태인지 정의하기 어렵고, 왜 강의를 들으러 가는지 이성적인 이유로는 설명이 되지 않았다. 주변의 이해를 구하기가 쉽지 않을 것으로 생각했다. 복잡한 이 마음을 이야기하는 것도 힘들었다. 나는 누구에게도 말하지 않고 시간이 날 때마다 정동주 선생님 수업을 들으러 갔다. 수업을 들으면 마음이 편안해졌다. 마치 뇌와 마음을 시원하게 씻어내고 스트레칭하는 것 같았다.

수업이 끝나고 다시 거리로 걸어 나오면 현실의 경주마로 돌아왔다. 하지만 분명히 달라진 것은 남의 시선에서 벗어나 무엇인가 성취해야 한다는 마음의 조급함을 내려놓기 시작한 것이다. 자신을 발견하기 위해 시간을 보내는 삶을 살겠다고 다짐했고, 내 의지만으로 달리기 위한 근력을 키우는 차와 마음 챙김, 공부를 놓지 말자며 마음을 다졌다.

기울지 않는 마음

회사에서 팀원들과 MZ 세대의 특징을 분석하다가 '겸손'이라는 주제로 이야기를 나누었다. 겸손하다는 것은 지는 것이기 때문에 '겸손'이라는 단어는 잊은 지 오래되었다는 한 팀원의 말을 듣고 놀랐다.

'겸손'이란 무엇일까? 정동주 선생님은 '겸손'이란 사치하고 꾸미지 않아 순수하고, 사치하고 꾸밀 수 있음에도 불구하고 수수한 것이라 하였다. 남을 높이고 자신을 낮추는 행동은 미덕으로, 겸손은 지키기도 실천하기도 쉽지 않다. 겸손은 교만한 사람이 교만함을 버리고, 반대의 위치를 극복하는 것이다. 우리가 겸손에 도전해야 하는 것은 편리함에 물들지 않는 깨달음을 위한 것이다. 이를 위해서는 화려함에서 멀리 떨어져 사는 지혜와 용기가 필요하다. 자신을 낮게 내려놓는 생활의 기쁨을 발견하고, 이러한 기쁨이 커지면 내면의 힘도 커졌음을 느끼게 된다.

겸손을 '지는 것'이라고 생각하는 친구에게 겸손의 기쁨을 전달해 주고 싶었다. 인위적인 이론과 가치체계로 만들어진 전통, 관습, 경쟁에 익숙한 우리에게 팀원의 말처럼 겸손은 이상적이고 지금 시대의 덕목이 아닌 것처럼 보일 수 있다. 오히려 자신 있게 능력을 뽐내고, 화려함을 드러내는 것이 성공한 삶의 모습 같고 멋있어 보인다.

정동주 선생님은 많이 소유하고 오래 살려는 욕망에 찌든 삶은 오히려 비참하고 잘 사는 삶이 아니라고 늘 강조했다. 내가 살기 위해 남을 괴롭히지 말아야 하며, 모든 것이 내 것이 아니기에 아껴야 한다고 했다. 잘났다고 으스대지 말고 낮은 곳으로 임해야 한다. 혼자서 살아가는 세상이 아닌 서로가 관계망으로 연결되어 있음을 깨달아야 한다. 우리의 마음은 치우치지 않고, 텅 빈 상태여야 한다.

마음을 완전히 비운다는 것은 무엇일까. 마음을 비우면 비로소 고요해진다. 고요해지면 치우침 없는 맑고 깊은 사랑이 생겨난다. 시들지 않는 꽃은 존재하지 않듯 우리는 자연으로 돌아가야 한다. 어떻게 하면 자연으로 돌아갈 수 있을까?

"차는 자연의 향유자이자 자연의 계몽어리라. 차는 인간에게 자연을 보고 읽고 따르게 하지. 자연의 심오한 자연성을 애틋게 배우니 꾸미 감상에 취해 스스로를 힘들게 하지 말고, 숨어 어닌

정동주 선생님은 치우치지 말고 자연으로 돌아가는 길을 알
기 위해 차를 마셔야 한다고 당부했다. 차가 지닌 자연성을 인간
의 삶으로 해석하는 방법은 바로 '차를 마시는 것'이다. 차는 풀
잎, 나뭇잎과 같은 식물일 뿐이다. 하지만 오롯한 찻잎 하나만으
로도 완전한 식품이 된다. 차는 치우치지 않고 오미가 조화된 식
물이다. 차를 마시면 치우치지 않는 성품이 된다.

정동주 선생님은 신라의 의상 스님이 화엄경 전체 대의를 나
타낸 화엄경의 게송을 언급했다. 그는 게송이 차의 성품, 즉 찻
잎에 포함된 300여 종류의 성분이 신맛, 쓴맛, 매운맛, 단맛, 짠
맛의 다섯 가지 맛을 지니고 있음을 비유한 것으로 읽어도 전혀

억지스럽지 않다고 말했다. 차는 살아 있는 생명과 같이 변화무쌍하다. 차맛은 찻잎이 어디서 어떻게 자랐는지, 어떻게 만들어졌는지, 혼자 또는 함께 마시는지, 날씨가 어떤지, 다완의 흙 재료, 유약과 가마의 성질에 따라 변화한다. 그렇기에 차의 맛과 향은 다양성과 기쁨을 주고 마음을 비워준다.

　역사 속에 기록된 시대의 좋은 본보기가 되었던 인물들이 있다. 신라, 고려, 조선 시대를 거친 선비들은 기울지 않는 마음으로 중정을 찾기 위해 차를 가까이했다. 예컨대 조선 시대 사림학파 차인들은 차 생활을 통해 차가 단순한 음료가 아닌 사림학파의 정신을 실천하는 데 중요한 도구로 보고, 차의 유용성과 목적성, 심미성에 대해 차와 관련한 시를 남기기도 했다.

　선비들이 차를 평생토록 좋아하며 곁에 가까이 두었던 것은 차의 성질과 기질 때문이었다. 찻잎을 내어주는 차나무는 옆으로 뻗어나는 잔뿌리가 적고, 땅속 깊이 파고드는 굵은 뿌리 하나로 살아가는 나무이다. 그래서 옮겨 심으면 제대로 자라기 쉽지 않지만, 땅만 잘 만난다면 겨울철 눈보라에도 푸르른 빛을 유지한다. 이런 차나무의 성질을 선비들은 '옳다고 판단한 의로움을 따라 행동하며, 굽히지 않는 윤리적 실천의 근원'으로 여겼다. 선비들에게 '차'는 신념을 키워주고 행동에 일관성을 지속할 수 있게 하는 형이상학적 힘이었을 것이다. 또한 차가 지닌 여러 약리 효과도 긍정적인 영향을 미쳤을 것이다.

눈을 감고 상상해 본다. 각 시대의 선비가 차를 마시며 시끄러운 안팎의 마음을 다스리고, 현실에 안주하지 않고 끊임없이 정신의 깨달음에 다다르려 했던 모습을. 그들의 차 마시는 시간을 그려 본다.

새벽, 차와 마주하고 있다. 마음을 가다듬고 지혜를 얻기 위해 책을 읽고 글을 쓰는 이 시간이 외롭지 않다. 나 그리고 타인에게 기울지 않는 마음으로 무엇보다 스스로에게 부끄럽지 않은, 어진 어른이 되고 싶다. 차를 닮은 치우침 없는 태도로 살아가고 싶다.

정동주 선생님은 '차살림'이라는 한국의 독자적인 차 문화를 정립하고 차 문화의 세 가지 조건인 차, 찻그릇, 차법을 고안하였다. '차살림'은 차에 살림을 더해 창안한 새로운 말로, '차를 만들고 마시거나 먹음으로써 사람의 몸과 정신을 살려낸다'는 뜻의 우리말이다. 여기서 말하는 '살림'이란 수많은 존재와 함께 살아가는 것을 의미한다. 사람은 혼자서는 아무것도 할 수 없다. 서로의 도움과 상호 의존이 필요하다.

산업화 이후 분업화되면서 개인주의가 만연해졌다. 생존경쟁, 약육강식, 고성장을 해 온 우리는 물질적 풍요와 초간편 시대에 살고 있다. 온라인으로 주문하면 다음 날, 아니 당일 도착도 가능한 세상이다. 해변에서 배달 앱으로 주문하면 음식부터 커피까지 빠르게 배달되는 시대이다. 올여름, 뜨겁다 못해 따갑기까지 했던 폭염을 겪으면서 지구 온난화, 기상 이변, 각종 오염, 전쟁, 식량 위기 등의 문제가 혼자만이 아닌 모두가 해결해야 하는 문제임을 절실히 깨달았다. 우리의 일상생활은 경쟁이 아닌 모든 존재와의 공존과 상생이 필요하다.

이렇게 바짝 말라 부서질 것 같이 메마른 시대에 차살림, 차로서 인간을 살리자고 정동주 선생님은 이야기한다. 차로서 무지를 지혜로, 분노를 자비로, 탐욕을 어진 마음으로 전환하기를 소망하고 이를 수행으로 삼자는 것이다.

'차는 약이 되고 양식이 되니, 차를 담아 끓이거나 끓인 차를 마시는 그릇을 잘 갖춰, 일상에서 차를 끓이고 마시는 것을 습관처럼 해야 한다'고 전했다. '고작 한 잔의 차가 인간을 살린다고 말하는 것이 비약이 아닌가'라는 생각이 들 수도 있다. 하지만 예로부터 오랜 세월 차의 약리성으로 병을 다스리고, 정신을 깨쳐 바른 사유와 행동으로 이끈 것을 역사 속에서 찾아볼 수 있다. 굳이 과거에서 찾을 필요 없이 내 중심을 잡는 가장 중요한 음식이자 마음을 다스리는 도구로 활용하는 지금 이 순간에도 차의 선한 영향력이 증명된다.

정동주 선생님의 차살림은 소박하고 단아하며 깊은 통찰의 지혜가 깃들어 있다. 직접 차살림법을 행하면서 일상에서 깨달음을 수행하고 함께 나누라는 지혜와 정신이 담겨 있다.

보통 찻자리, 티타임을 갖는다고 할 때 멋진 테이블에 차 도구를 갖추고 별도의 근사한 차실이 있으면 좋겠다는 생각을 하곤 한다. 차살림은 나를 가장 낮춘 자세에서 물이 위에서 아래로 흐르는 것과 같이, 어느 곳에서든 차 수건을 펴는 것으로 시작한다. 마치 발우공양을 하는 것처럼 바닥의 낮은 자리에 차 수건을 펴고, 겸손하게 낮춘 자세에서 차를 우린다. 차살림에서의 찻그릇은 '보듬이'라는 이름을 갖고 있다. '보듬이'라는 말은 '두 팔로 끼어 가슴에 붙이다, 포용하다, 안으로 들어오는 것을 손과 몸으로 바로 받다, 남의 일을 책임지고 맡다, 새나 닭 따위가 알을 품다, 생각으로서 지니다'는 뜻을 지닌 '안:다'라는 말의 사투리라고 정동주 선생님은 말했다.

'두 손으로 보듬어 안는 찻그릇 보듬이', 이름만 불러도 포근하게 내 마음을 안아주는 것 같아 읊조릴수록 아름답다.

보듬이는 미학적으로도 아름답지만, 가만히 두 손으로 안고 있으면 편안함이 느껴진다. 당장이라도 폭발할 것 같던 새벽, 차를 우려내어 가만히 보듬이를 안고 있으면 눈물이 흐를 때가 있다. 억울하다는 생각이 들 때, 보듬이를 가만히 손으로 안는다. 보듬이에서 전해지는 따스함이 나의 마음을 꺼안고 토닥여 주는 것 같아 위로가 느껴진다.

'다 내 탓이요, 원수를 용서하라.'

어렵지만 읊조려 본다. 어느 한 편으로도 기울지 않고, 주변을 보듬는 마음으로 시대를 건너온 선조들을 떠올려 본다. 신라 시대의 원효 스님은 신라 통일 후 백제, 고구려 땅을 12년 동안 돌면서 신라가 저지른 만행을 용서하라고 외쳤다. 당시 전쟁 통에 가족이 해체되고 삶을 지탱해 주던 모든 것이 파괴되었던 폐허에서 백제와 고구려의 생존자들에게 신라를 용서하라고 외쳤던 것이다. 원효 스님은 사람들에게 마음속에 신라를 향한 증오와 원한을 담아두고서는 잠시도 평온하고 행복할 수 없다며 용서를 구했다. '지금 내가 원수를 용서하면, 그 원수가 스스로 참회할 수 있는 매우 큰 힘을 선물하게 된다. 이쪽저쪽이 화쟁의 공간에서 영원할 수 있다'는 설법이었다.

요즘 뉴스를 보면 묻지마 살인, 폭력, 전쟁과 같은 사건들을 자주 접한다. 멀리 생각할 것 없이 일터에서도 누군가를 향한 소문, 가십 등 뒷말을 하며 타인을 밟으려는 마음들이 퍼져 있다. 가장 가까운 가족, 친척, 친구 사이에서도 미움, 분노, 서운한 마음이 쌓인다. '마음에 증오와 원한을 담아 두면 행복은 멀어진다. 참회와 용서를 해야 평온을 찾을 수 있다'는 원효 스님의 진리, 행복론 설법이 그 어느 때보다 절실한 요즘이다.

정동주 선생님은 늘 '이 세상에 남은 없다. 둘이 아니라 하나이다. 한 사람이 아픈 것은 모든 사람이 아픈 것을 말한다. 삶은 끊임없는 변화 속에서 나아가고 소멸하는 관계 에너지이다. 온갖 것이 모여 하나가 된다. 모든 것은 모든 것과 관계가 있고, 관계가 있는 것은 평등하다.'는 회통을 강조했다.

보듬는 마음으로 살아가고 싶다. 보듬이의 따뜻함과 부드러움, 쓸어안음과 보살핌, 소박함과 자연성을 함축한 아름다운 태도로 살아갈 수 있다면 좋겠다. 역사 속 좋은 본보기가 되어 교훈을 준 선비는 술에 취해서 허튼소리를 하거나 비틀거리지 않는다. 때려치우고 싶어도 극복하고 나가는 것이 선비이다. 삶을 두려워하고 조심하고 자비를 베풀며 살아야 한다. 바른 선비가 되어, 사회의 올바른 방향을 제시하고 의리와 신념을 사회 속에서 실천할 수 있어야 한다. 시대의 올바른 삶의 거울이었던 선비의 지혜를 가까이에 두고 공부하며, 지금 우리 시대에 필요한 지혜와 연결해 보고 싶다.

'기울지 않는 마음으로 살아가는가'

이제 나에게 차를 마신다는 것은 단순한 기호의 행동이 아니다. 차를 마시는 행위는 나를 온전히 바라보고 나를 닦고 깨닫고 지금 순간의 나로 보게 하는 것이다. 무엇이 중요한 것인지, 겉치레가 아닌지 살펴보며 고요함에 나 자신을 두고 중심을 잡는다. 고요함은 조급함을 다스리는 주인이다. 차와 함께 명상하고, 고요함 속에 나를 던져 나서지 않는다. 삶의 무게를 어디에 둘 것인가 생각하며, 이야기하고 싶어도 삼키고 차를 마신다. 차는 고요함을 내 편으로 가져온다.

'비록 화려한 생활 속에 있을지라도 티 내지 말고 흔들리거나 소문이나 칭송 같은 것에 흔들리거나 동요되지 마라'라는 정동주 선생님의 말씀을 꺼내 본다.

현명한 삶의 이치는 지극히 사소한 것들로 이루어져 있다. 추

상명사가 아닌 고유명사로 사는 삶이다. 모든 것은 변화함을 깨
달아야 한다. 지금 우리는 자연으로 돌아가는 길 위에 있다. 책
임지는 삶을 살고, 내면에 흐르는 완전한 우주성을 깨닫는 삶을
지향해야 한다. 비록 부족한 존재이지만 스스로를 채근하지 않
고 모든 사물과 사람에게 감사하는 삶을 살아가자. 조건 없이 그
냥 고맙다고 전할 수 있는 기울지 않는 삶, 차인이자 선비로 살
아가자. 깨어 있는 삶의 순간에 감탄하며 아름다운 날을 만들어
가는 나로 살아가자.

삶은 자유면 것이 모인 것이라, 기대된 것이 모인 것이 아니다.
잘 산다는 것은, 제대로 먹을 줄 안다는 것이고,
제대로 먹을 줄 알아야 제대로 죽을 수 있다.
왜냐면 진정한 의미는 자연으로 돌아가서 자연 속에서
함께 설 때만 가능하기 때문이다.
미래는 꿈으로 짓는 우주이다.
꿈이 아닌 그 무엇으로도 미래를 만들 수 없으므로
미래를 보려는 사람은 늘 꿈을 품어야 한다.

임동주

각자의 고유성으로
함께 빛나는 삶

"의미의 최종 편집권이 나에게 있다는 감각"

『에디토리얼 씽킹』을 쓴 최혜진 작가는 지난 20년간 에디터로 일하며 얻은 가장 소중한 삶의 자산을 이렇게 표현했다. 이 문장을 읽는 순간 '왜 나는 책을 쓰고자 하는가'라는 갈등의 마음에 마침표가 찍혔다.

2년 남짓 방황했다. 글을 쓰고 싶다는 열망으로 시작했지만, 쓰다 멈추기를 반복했다. 시간에 쫓기는 사람인 시간 약자였다. 회사에서는 촘촘히 잡혀 있는 회의 일정을 숨 가쁘게 따라다니고, 집에 와서는 여전히 서투른 집안일과 육아를 하는 데 급급했다. 스스로 떠올릴 수 있는 나의 이야기는 너무 바빠 마음 둘 곳 없는 서글픈 직장맘에 대한 것이었다.

다시 마음을 다잡았다. 100일 동안 무조건, 새벽 5시에 몸을 일으켰다. 회사에서도 집에서도 나를 찾지 않을 시간, 몽롱한 정신과 덕지덕지 피곤이 붙은 몸을 무조건 일으켜 세웠다. 창문을 열어 공기를 맞이하고, 차를 우려 마시며 글을 썼다. 그 어떤 열악한 상황에도 불구하고 나를 지켜주었던 아침, 차, 책 그리고 이를 매개체로 만난 사람과의 경험을 애써 선별하고 조합하고 연결했다. 기억의 파편들을 엮을 때 도움이 된 것은 그동안 조금씩 끄적여 두었던 기록들이었다. 조합된 조약돌을 따라가 보니 나다움을 찾으려 했던, 나로 살아가게 하는 것들에 대한 시선과 질문들이 보였다.

삶의 사소한 일들에 의미를 부여한 뒤 문자로 가시화했다. 일 상적이어서 의미가 없다고 생각한 사건들이 연결되어 서사가 되었다. '나로 향하는 아침 시선, 나를 보듬는 차의 시선, 강한 내면을 키우는 책의 시선'이 나다움으로 가까워지는 삶을 위한 세 가지 시선이었다.

그리고 내면의 불을 밝히는 나를 향한 일곱 가지 질문은 글을 써나가며 발견한, 스스로 던졌던 고민과 나만의 방향을 찾아가는 성장의 과정이었다. 글을 쓰면서 '차로 마음의 근력을, 책으로 생각의 근력을, 사람으로 관계의 근력'을 키워가고 있는 나와 만날 수 있었다.

오늘의 바쁨을 좇느라 마음 둘 곳 없이 지쳤다면, 열심히 자신을 던져 일했지만 쌓인 연차만큼 불안하고 미래가 걱정이라면, '아침, 차, 책'을 삶 가까이에 두기를 권해 본다. 어스름한 새벽, 몸을 일으켜 차를 우려 마시고 책을 읽고 글을 써 보자. 마음챙김으로 본연의 나를 발견하고, 질문을 던져 사유하는 삶을 살아가자. 우리는 어떻게 살고 싶은지, 기쁨으로 전율이 이는 삶이 무엇인지 묻고 발견하고, 그렇게 살아가 보자.

우리의 유일한 인생은 사소한 일상이다. 가장 아름다운 날이 오기를 기다리지 말고 지금 순간을 아름답게 살아가야 한다. 자연의 한 존재로서 세상에 이로운 떨림과 울림을 내고 싶다. 세상을 바꾸는 것은 강한 것이 아닌 부드러운 힘이라 믿는다. 부드러운 힘의 원천은 바로 자연에 있기 때문이다. '사리사욕을 버리고 타인을 위해야 한다'는 이나모리 가즈오 회장이 말한 무사이타 정신처럼 각자 그리고 함께 보듬어 안는 모두의 웰니스를 꿈꾼다.

깨달았다면 행해야 한다. 스스로 터득한 바를 삶으로 살아갈 때 비로소 안다고 할 수 있을 것이다. 각자의 고유성으로 빛나는 삶을 살 수 있도록 차와 함께 세상을 돕는 길눈이가 되고 싶다.

잠시 멈추어 차 헌찬하십시오. 지우침 없는 올바른 사유를 하
고, 삶의 성찰을 통해서 나로서 존재하는 삶의 힘이 될 것입니다'